KB054763

또 하나의 가족

또 하나의 가족

최태민,
임선이,
그리고
박근혜

조용래 지음

모던아카이브

돌아가신 아버지 조순제와
부정부패 없는 사회를 꿈꾸는 모든 분께
이 책을 바칩니다.

"근혜 영양제 이런 거는 우리 마누라가 주사놔주고 다 했다. 너스(간호사) 출신이거든."

"(박근혜가) 청국장을 좋아해서 우리 마누라가 만날 청국장 해준 다고 일본에 가서 일본서 사 오고 그랬다."

"우리 모친이 돈 보따리 들고 가서 지구당 사무실에 아파트인 가 하나 얻었대. 거기 앉아서 우리 모친이 돈 보따리 다 풀고."

"이 사람(최태민)도 개판 일보 전인데 우리 모친 만난 덕에 사람 돼서 인간이 된 거지."

2016년 11월 초였다. 홍콩에서 2년째 직장생활을 하던 나는 TV조선의 한 프로그램에서 아버지의 육성을 들었다. 아버지가 돌아가시고 약 10년 만이었다. 최순실 게이트로 온 나라가 시끄러웠고, 언론이 최순실과 박근혜 대통령의 미스터리한 관계를 추적하는 과정에서 이른바 '조순제 녹취록'이 나왔다.

녹취록이 처음 공개된 것은 이보다 이틀 전인 11월 6일이었다. JTBC 〈이규연의 스포트라이트〉에서 박 대통령과 최순실의 관계와 최 씨 일가의 재산 형성 과정에 대한 중요한 단서로 녹취록을 제시했다. 나는 아버지 조순제가 돌아가시기 전 박근혜 당시 한나라당 대선 후보와 관련된 증언을 남긴 사실을 알고 있었다. 그래서 올 것이 왔다는 생각을 했다. 하지만 이때만 해도 당장 뭘 하겠다는 마음은 없었다.

녹취록 내용을 성우의 음성으로 재연한 JTBC와 달리 TV조선은 아버지의 육성을 들려주었다. 프로그램에 나온 패널들은 아버지가 녹취록을 남긴 동기에 대해 부정적인 부분만 부각하는 발언을 쏟아냈다. 2007년 한나라당 대선 후보였던 박근혜가 조순제를 모른다고 하자 홧김에 폭로했다거나, 자신도 한 일이 떳떳하지 않으면서도 박근혜에 대한 원한 때문에 과장했을 수도 있지 않냐는 것이었다.

또 하나의 가족

조순제는 누구인가?

아버지 조순제는 사실상 박근혜가 소유한 여러 단체와 재단 일에 깊숙이 관여했다. 최태민이 활발히 활동하던 시절, 최순실을 비롯한 최태민의 딸들은 아직 어렸다. 그래서 의붓아들인 아버지가 대한구국선교단을 시작으로 대한구국봉사단, 대한구국여성봉사단, 새마음봉사단의 홍보실장과 새마음병원의 사무처장으로 이들 단체의 운영을 주도했다. 아버지는 영남대학이 1인주주였던 영남투자금융의 전무로도 활동했다. 박근혜가 영남대학의 이사장이던 시절이었다. 아버지만이 아니었다. 어머니 김경옥은 시어머니 임선이의 요청에 따라 장기간 박근혜를 뒷바라지했다.

그런 아버지를 박근혜가 전혀 모른다고 하자 아버지가 분노한 것은 사실이다. 하지만 그게 전부는 아니었다. 박근혜가 대통령이 되었을 때 닥칠 나라의 비극적인 상황은 막아야 한다는 소신이 있었다. 박근혜와 최 씨 일가가 저지른 부정부패에 가담했다는 죄의식도 있었다.

2007년 한나라당 대선 경선이 한창일 때 이명박 선거본부 당직자는 매일 일산 후곡마을의 집으로 찾아와 박근혜와 관련된 증언을 해달라고 아버지를 설득했다. 7월 19일 열린 후보

검증 청문회에서 박근혜가 아버지를 모른다고 잡아떼자 아버지도 크게 동요했다. 8월 초 아버지가 나서겠다는 얘기를 처음 꺼냈을 때 어머니는 기겁했다. 나와 동생도 놀라기는 마찬가지였다. 가족들이 만류하자 그럼 진정서라도 제출하겠다면서 방으로 들어간 아버지는 바둑판 위에 종이를 올려놓고 글을 써내려갔다. 불과 10여 분 만에 방에서 나온 아버지의 손에는 A4지 9쪽짜리 문건이 들려 있었다. 아버지는 육필로 쓴 진정서를 내게 건넸다. 진정서를 읽어본 나는 더 반대하는 건 의미가 없다 싶었다. 그래서 이렇게 말씀드렸다.

"정 그러시면 하세요. 사시면 얼마나 더 사신다고 하고 싶으신 대로 하세요."

2007년 8월 12일 아버지는 한나라당 강재섭 대표와 안강민 국민검증위원장에게 진정서를 제출하고 기자회견을 했다. 곧이어 전직 언론인, 두 명을 만나 '조순제 녹취록'을 남겼다. 이때 무려 9시간 동안 박근혜와 최태민에 대해 증언을 했다. 녹취록에는 박근혜의 무능과 부도덕함에 대한 비판, 김재규와 박근혜·최태민의 악연, 10·26 이후 박정희 자금의 이동과 그에 따른 최태민 일가의 재산 축적, 박근혜와 최태민의 관계 등이 담겨 있다. 10년이 지난 뒤에 공개된 녹취록은 지금의 최순실 국정농단을 정확히 예견한 것이어서 화제가 되었다. 녹

또 하나의 가족

취록 전문을 읽고 분석한 한 언론사 대표는 "섬찟섬찟하다"는
표현을 쓰며 놀라기도 했다.

임선이는 악의 토양이자 자양분이었다

아버지는 무능하고 부정과 비리로 얼룩진 박근혜가 대통령이
되는 것을 어떻게든 막아보려고 했다. 아버지가 돌아가신 뒤
나는 박근혜가 대통령이 될 수 있었던 근본적인 원인을 찾아
내려고 애를 썼고, 그 과정에서 할머니 임선이가 그 정점에 있
었다는 확신을 하게 되었다. 지금의 최순실 이전에 최 씨 일가
의 돈줄을 쥔 이가 바로 임선이이기 때문이었다. 그녀야말로
최태민이 부정한 역사의 씨앗를 뿌릴 수 있게 만든 1970년대
의 토양이자 최순실을 악의 몸통으로 자라게 한 1990년대의
자양분이었다. 임선이는 최태민의 시대와 최순실의 시대를 잇
는 중간에 아들 조순제를 끼워 넣어 악의 뿌리를 튼튼하게 만
들었다. 2003년 임선이가 사망하자 최순실이 전면에 등장했
다. 나는 할머니 임선이의 족적을 밟으며 우연한 사건의 연속
으로 보이는 국정농단이 분명한 방향과 지향점을 가지고 몇십
년 동안 계획된 큰 흐름이라는 사실을 깨닫게 되었다.

　이 책은 1940년 임선이의 첫 결혼을 시작으로 2007년 아

버지 조순제의 임종까지 68년의 역사를 담고 있다. 최태민의 의붓손자이자 최순실의 의붓조카인 내가 아버지 조순제 곁에서 보고, 듣고, 겪은 나만이 할 수 있는 이야기를 담았다. 아버지 조순제, 그리고 임선이의 지시로 박근혜의 집사 역할을 한 어머니 김경옥의 증언을 바탕으로 했다. 오래전에 벌어진 일이고 부모님의 말과 기억이 100퍼센트 사실에 근거한다고 장담할 수는 없다. 하지만 내가 아는 범위 내에서 보고 들은 내용을 최대한 솔직하게 썼다.

이 글을 쓰면서 나는 아버지가 남긴 진정서와 녹취록을 중요한 근거로 삼았고, 그 전문은 부록 1·2에 실었다. 주요 인물이 등장하는 사진을 찾기 위해 오래된 사진첩도 열심히 뒤졌다. 그중 책에 등장하는 주요 인물 사진 몇 점을 선택해서 제2장과 제3장 사이에 실었다. 오래된 신문기사를 찾아내 사실관계에 부합하는 내용을 추려냈고 필요하면 인용도 했다.

누구라도 최순실이 될 수 있다

아비가 다르고 어미가 다른 이들이 한집에 가족으로 모여 부대끼며 살던 시절에도 좋은 추억은 분명히 있었다. 이 책에 수록한 사진에서 알 수 있듯이 한때 우리 가족은 할머니 임선이

또 하나의 가족

를 비롯한 최순영, 최순득, 최순실, 최순천을 친가족으로 생각해 왕래하고, 함께 가족모임도 가졌다. 하지만 박정희 사후에 생긴 돈은 모든 것을 바꿔 놓았다.

가능한 한 모든 기억을 꺼내어 보통사람의 탐욕이 사회의 큰 부정부패로 이어지는 과정을 그 시작부터 이야기하고 싶었다. 보통사람이 절대로 박근혜가 될 수는 없지만, 지금처럼 부정부패가 만연한 사회에서는 평범한 사람도 기회가 있다면 최순실이 될 수 있다.

최순실 국정농단 게이트가 터진 후 많은 뉴스와 이야기가 쏟아졌다. 이 책이 그런 단편적인 이야기로는 이해할 수 없는 큰 그림을 그려주는 역할을 했으면 한다. 우리 사회에 뿌리 깊이 박혀 있는 부정부패 이야기에서 교훈을 얻어 다시는 이런 일이 반복되지 않기를 바란다.

2017년 봄
조용래

차례

제1장

임선이의
두 차례 결혼

1940~1968

등장 인물 가계도

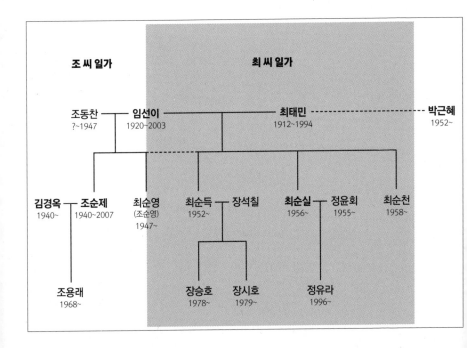

조 씨 일가

최 씨 일가

조동찬
?~1947

임선이
1920~2003

최태민
1912~1994

박근혜
1952~

김경옥
1940~

조순제
1940~2007

최순영
(조순영)
1947~

최순득
1952~

장석칠

최순실
1956~

정윤회
1955~

최순천
1958~

조용래
1968~

장승호
1978~

장시호
1979~

정유라
1996~

불행하게 끝난 첫 번째 결혼

1940년 경남 함안. 소작농의 딸 임선이는 주인집 막내아들 조동찬과 사귀었다. 임선이가 열일곱 살 때였다. 집안의 반대가 심했다. 특히 조동찬의 어머니는 소작농의 딸인 주제에 감히 자기 자식을 넘본다며 임선이를 무시했다. 임선이가 덜컥 임신했을 때도 마찬가지였다.

결국 조동찬은 임선이를 데리고 포항으로 이사해 신혼살림을 차렸다. 그곳에서 유산으로 물려받은 땅을 모조리 팔아 자금을 마련해 어업용 배를 사서 선주가 되었다. 아들 조순제가 태어나기 한 달쯤 전에는 어업조합장 자리에 올랐다. 조합원들은 늙고 비리가 있던 조합장 대신에 젊고 성격도 시원시

원한 조동찬을 반겼다. 한 달 뒤에는 아들 조순제가 태어났다. 이 모든 일이 결혼한 지 일 년 안에 벌어진 일이었다. 남편 조동찬은 시누이를 통해 시어머니에게 아들이 태어났다고 기별을 보냈다. 시어머니는 손자가 태어났다는 소식을 듣고도 포항에 손주 한번 보러 오지 않았지만, 고기와 미역은 보내왔다.

아들 조순제가 걸음마를 배울 무렵 조동찬은 이미 경제적으로 성공했다. 장롱이 돈으로 가득 차 돈 둘 곳이 마땅찮을 정도였다. 땅 욕심이 있던 임선이는 남편에게 부동산을 사자고 제안했다. 조동찬은 이왕이면 배를 더 사들이는 게 낫다고 생각하고 결국 그렇게 했다. 그때 땅을 샀다면 어쩌면 임선이는 평생 포항에 정착했을지도 모른다.

1947년에는 딸 선이가 태어났다. 조동찬은 임선이를 만난 뒤 일이 잘 풀렸다며 딸 이름을 아내의 이름을 따서 불렀지만 정식 이름은 순영이었다. 조순제와는 일곱 살 터울의 조순영은 훗날 임선이가 최태민과 재혼한 후 최순영으로 성을 바꿔 최씨 집안의 첫째 딸이 된다.

조동찬은 유난히 낚시를 좋아했다. 비가 온 뒤에 생긴 웅덩이를 보고도 낚싯대를 찾는 사람이었다. 월척을 낚은 날에는 운이 좋다며 바다에서 돌아오는 배도 고기를 가득 싣고 올 거라 생각했다. 그날도 낚시하고 오는 길이었다. 조동찬은 막걸

또 하나의 가족

리를 한잔 걸친 상태에서 오토바이를 몰고 집으로 가던 중이었다. 갑자기 앞서가던 트럭에서 드럼통이 굴러떨어졌다. 그리고 순식간에 의식을 잃었다. 그렇게 조동찬은 하반신 불구가 되었다. 임선이는 의식이 오락가락하고 꼼짝도 못 하는 남편 옆에서 간호를 하고 싶었지만, 시어머니는 계집을 잘못 들여서 집안이 망했다며 밤낮으로 며느리를 구박했다. 임선이는 죄인처럼 숨죽여 살아야 했다. 그렇게 반년이 흐른 뒤 남편이 죽었다.

최태민과의 재혼

황해도 출신의 최태민이 어떻게 포항 과부 임선이를 만났는지는 정확히 알 수 없다. 최태민은 이미 이북에서 결혼해 낳은 애꾸눈 아들 광언이가 있었다. 이남으로 내려와 두 번째 결혼을 해서는 딸 하나 아들 하나를 두었는데 이들이 최광숙과 최광현이다. 세 번째 결혼에서는 딸 최광희를 낳았다. 최태민이 임선이를 만났을 때는 이렇게 전처 세 명과 자녀 네 명이 있었다.

두 사람이 처음 만난 시기는 한국전쟁 직전 무렵이다. 일본 강점기 일본 순사였던 최태민이 광복 후 경찰로 활동하던 때였다. 첫 만남 뒤 최태민은 임선이의 집에 매일 찾아왔다. 남편 죽고 아들 하나 딸 하나를 키우는 과부 임선이도 그런 최태민을 반겼다. 언젠가 조동찬의 여동생 조영인은 혼자가 된 새언니를 만나러 왔다가 임선이가 낯선 남자를 집에 들이는 것을 알게 되었다. 늦은 밤에 대문을 열고 집 안으로 들어갔는데 방문 앞에 남자 신발이 놓여 있었다. 다가가서 가만히 들어보니 방 안에서 남자와 소곤대는 임선이의 들뜬 목소리가 들렸다. 조영인은 새언니가 재가하리라는 것을 직감했고, 조카들이 의붓아버지 밑에서 자라게 될지도 모른다는 생각이 들자 마음이 복잡했다.

스물여덟 젊은 나이의 새언니를 평생 과부로 살라고 할 수 없는 노릇이었다. 그렇다고 어떤 사람인지도 모르는 떠돌이 북청 물장수 출신에게 조카들까지 맡겨도 될지 불안하기 짝이 없었다. 조영인은 새언니에게 산 너머 마을에 정말 용하다는 사주쟁이가 있는데 같이 한번 가보자고 제안했다. 그곳에서 최태민의 사주를 넣었더니 돌아오는 답이 기가 막혔다.

"이 사람은 씨받이 팔자다. 여자로 태어났으면 씨를 받아도 참으로 많이도 받을 팔자다. 아이들을 데리고 재가를 가기는 틀렸으니 단념해라."

임선이는 이 말에 크게 낙담했다. 조영인은 그런 새언니를

또 하나의 가족

보며 더욱 불안했다. 기어이 시집을 가고야 말 것 같다는 불길한 예감이 들었다. 임선이의 사주를 본 사주쟁이는 또 이런 말도 했다.

"돈이 따라와서 붙는 팔자다. 돈이 돈을 업고 따라오는 형국이니 아이들을 잘 키우고 살면 큰 보람이 있을 것이다."

돌아오는 길에 조영인은 최태민이라는 사람에게 시집가는 것은 절대 안 된다고 여러 번 다짐을 받았다.

하지만 한국전쟁이 발발하기 얼마 전 결국 임선이는 최태민을 따라나섰다. 장롱에 숨겨 둔 돈도 서랍째 모두 달구지에 실었다. 아직 어린 딸 조순영은 데리고 갔지만, 새아버지를 탐탁지 않게 여기는 아들 조순제는 큰아버지의 집에 맡겼다.

몇 달 뒤 조순제는 경남 양산에 사는 엄마를 찾아갔다. 큰집에서 구박을 하거나 눈치를 주지는 않았다. 다만 아직은 엄마가 보고 싶은 열 살 난 어린아이였다. 그렇게 임선이와 함께 양산에서 두어 달을 살았지만, 조순제는 끝내 최태민을 아버지로 받아들일 수가 없었다. 결국 조순제는 임선이에게 이렇게 얘기했다.

"엄마, 내 부산으로 갈라요. 큰집에서 살라요."

아들이 부산에 있는 큰아버지 집으로 가겠다고 계속 우기자 임선이는 조순제를 버스에 태워 부산으로 보내주었다. 부산의 큰집으로 돌아간 조순제는 집에 들어서면서 큰어머니에게 말했다.

"큰엄마, 호적에 내 좀 올리주이소."

그렇게 최순제가 될 뻔한 열 살의 남자아이는 스스로 조순제로 평생을 살기로 결정했다. 만약 이때 조순제가 여동생처럼 최태민을 아버지로 받아들였다면 어떻게 되었을까?

임선이가 최태민을 따라 들어간 경남 양산 집에는 최태민의 전 부인과 자식 둘이 살고 있었다. 최태민의 전 부인은 배가 남산만큼이나 부풀어 오른 임선이를 보고 절망했다. 드센 임선이는 약간의 돈을 주어 전 부인과 그의 딸 광숙이와 아들 광현이를 내쫓았다. 다시는 돌아오지 못할 만큼의 상처도 마음에 남겨주었다. 전쟁 통에 쫓겨난 전처와 그 자식들은 울면서 부산으로 떠났다.

1952년 임선이는 둘째 딸 최순득을 낳았다. 그 시절의 최태민은 무슨 사업을 하는지 전국 각지를 돌아다녔다. 임선이는 데리고 온 딸 최순영과 새로 태어난 최순득을 키우며 한 달에 두세 번 집에 오는 최태민을 기다렸다. 1955년 최태민은 양산에 있는 개운중학교를 사들였다. 일본 순사에서 시작해 해방 후 경찰이 되었던 최태민의 이력에 중학교 교장이

또 하나의 가족

더해졌다.

2년 만에 학교 운영을 그만둔 최태민은 다시 떠돌기 시작했다. 한 달에 두세 번 집에 오는 생활도 다시 시작됐다. 하루는 임선이가 아궁이에 저녁밥 지을 장작을 넣을 때였다. 비가 쏟아지는 날이었다. 임선이는 허술한 부엌 천장에서 빗물이 뚝뚝 떨어져 다른 한 손에 대야를 들고 받치며 불을 지피고 있었다. 그때 낯선 여자 하나가 아이를 업고 대문으로 들어서는 모습이 보였다. 최태민이 뿌린 씨가 자식이 되어 찾아온 것이다.

"형님 이제 어쩌면 좋아요."

여자는 눈물과 빗물이 엉켜 얼굴이고 옷이고 온통 젖어 있었다. 그때 임선이가 받아 든 그 아이가 최재석이다.

친아들 조순제도 버리고 왔는데 남의 자식을 받아 키울 수는 없는 노릇이었다. 잘못 들어선 길이란 것을 진작 알았지만 돌아갈 곳이 없었다. 훗날에 임선이는 며느리 김경옥에게 그때의 심정을 이렇게 말했다.

"야, 야, 말도 마라. 한번 신발 거꾸로 신고 왔는데 우째 또 팔자를 바꾸겠노. 대문 열리는 소리만 나도 어떤 년이 아를 안고 들어오는지 싶어가 심장이 쿵 내리앉드라."

생활 전선에 뛰어들다

임선이는 갖고 있던 돈이 바닥나자 부산에 사는 동생 임삼덕에게 장사할 자리를 하나 알아봐 달라고 부탁했다. 남편 최태민은 여전히 떠돌아다녔고 아이들과 먹고살려면 임선이 자신이 뭐라도 해야만 했다. 부산으로 이사한 임선이가 처음 시작한 사업은 양말장사였다. 광복동시장 한구석에 얻은 임선이의 노점은 금세 길가에 자리 잡은 정식 점포보다 장사가 잘되었다. 학교라고는 근처에도 못 가보고 자기 이름 석 자나 겨우 쓸 줄 알았던 임선이가 돈을 버는 모습에 주변 사람들은 놀랐다. 임선이는 양말장사를 하던 시절을 회상하며 이런 말을 한 적이 있다.

"장사라 카는 건 너무 고달픈 일이데이. 돈 벌기는 힘들고 좀 벌었다 싶어도 내 주머니에 남아나지를 않는다고. 돈이란 것은 한 움큼 손에 쥔 모래와 같아서 물속에 열 번이고 스무 번이고 넣었다 뺀 뒤에도 남아 있는 것이 내 돈이데이."

돈에 대한 임선이의 인식은 남달랐다. 손에 잡히면 무조건 악착같이 움켜쥐었다.

1956년 최태민과의 사이에서 얻은 둘째 딸 최순실을 임신했을 때는 암달러장사를 했다. 무슨 이유로 양말장사를 하던

또 하나의 가족

임선이가 암달러장사로 변신했는지는 잘 모른다. 어쨌든 글을 몰라도 달러를 사고파는 일에는 아무런 제약이 없었다. 임선이는 숫자를 기억하고 계산하는 데 천부적이었고, 암달러장사를 하면서는 양말을 팔 때보다 더 많은 돈을 벌어들였다.

임선이가 얼마나 억척스러운 여자였는지 소문이 자자했다. 1달러 한 장이 생기는 일이라면 차가 끊긴 시간이라도 몇 시간을 걸어서 갔다. 시장 바닥에서 머리끄덩이를 잡고 싸워야 할 일이 있으면 반드시 상대를 눕혀서 밟았다. 싸워서 지는 일이 없었다. 특유의 팔자걸음으로 웬만한 사람들이 뛰는 것보다 빨리 걸었다.

그 무렵 최태민은 도를 닦는다며 산에 들어가 있었고 가끔 내려오면 천주교당에도 갔다. 여전히 집에 쌀이 있는지 돈이 있는지 도통 관심이 없었다. 어쩌다 집에 돌아와서는 오히려 한 움큼씩 돈을 들고 나갔다. 돈은 다시 벌면 되지만 임선이에게 정작 불안한 것은 남편이 어디선가 또 다른 자식을 만들고 있지 않을까 하는 것이었다.

서울 이사

1955년 무렵 임선이는 무슨 이유에서인지 서울로 이사할 결심을 하게 된다. 양말장사와 달러를 팔아 모은 돈으로 임선이가 먼저 서울에 가서 방 한 칸을 미리 구했다. 그 당시 일을 임선이는 이렇게 기억했다.

"부산에서 장사할 때는 묵고사느라 아들 순제가 있다는 것도 까맣게 잊고 살았데이. 큰딸 순영이가 남성여자중학에 다니고 있었는데 동생 삼덕이 집에 맡기 놓고 이사를 갈라니 발길이 안 떨어지드라. 그제서야 두고 온 아들 순제 생각이 많이 나가 가슴이 아팠데이."

서울로 이사해서도 낯선 여자가 아이를 데리고 찾아오는 일이 또 있었다. 이번에는 단정하게 차려입은 한 여자가 초등학교를 겨우 들어갈 나이쯤 되는 여자아이를 데리고 찾아왔다. 다른 여자들처럼 주눅이 들거나 눈물을 흘리지도 않았고 남편을 내놓으라고 따지지도 않았다. 살길이 막막했는지 수소문 끝에 최태민을 찾아왔으나 임선이가 판잣집에 사는 걸 보고는 말문이 막혔다. 이때 일을 임선이는 이렇게 기억했다.

"야, 야, 이년들이 와 내만 보만 행님이라 그카는지 사람 미친데이."

임선이는 그런 형편에도 얼마간의 돈을 쥐여주고 여자를 돌려보냈다. 훗날 그 딸은 약사가 되어 미국으로 이민 갔다는 소식을 들었다.

또 하나의 가족

서울로 올라온 임선이가 먹고살 궁리를 하는 동안에 최태민은 다시 떠돌이가 되었다. 대전의 계룡산과 보문산을 근거지로 삼아 도를 닦았고 틈틈이 사찰과 교회도 다녔다. 최태민은 집에서도 길거리에서도 늘 뭔가를 중얼거리면서 다녔다. 앉아 있을 때도 무릎 위에다가 손가락으로 쉴 새 없이 무언가를 썼다. 하늘의 법도와 천국으로 가는 주문을 외우는 자신만의 독특한 종교의식이었다.

조순제의 결혼

1965년 가을 조순제는 대구에서 간호사로 일하고 있던 김경옥과 결혼을 했다. 신혼 때부터 조순제는 집에 쌀이 있는지 밥이 있는지 모르는 사람이었다. 국제관광공사에서 외국인 관광객을 상대로 영업하는 아리랑 택시를 관리하면서 허구한 날 외국인 택시 기사들과 포커판을 벌였다. 집에 들어오지 않는 날이 많아 김경옥이 노름판에 찾아가 난리를 치고 데리고 와야 했을 정도였다.

결혼 전 조순제는 아내 될 사람에게 자신이 고아라고 밝혔다. 죽은 아버지 조동찬이나 바람둥이 최태민과 눈이 맞아 도망간 어머니 임선이 이야기를 할 수 없었다. 하지만 임선이가 며느리 얼굴이라도 한번 보고 싶다고 하자 조순제는 그것마저 막을 수는 없었다. 그래서 두 사람이 만나는 자리를 마련했다. 아내 김경옥에게는 별다른 설명 없이 약속 장소에 나가 누군가 만나라고만 이야기했다. 김경옥은 다방에서 낯선 아주머니와 마주 앉아 커피를 마시면서도 상대가 시어머니라는 생각은 전혀 하지 못했다. 이날 임선이는 김경옥의 손을 잡고 이런 얘기를 했다.

"내가 최선을 다해가 도울 끼네 열심히 살아도고."

김경옥은 도대체 누군데 이러나 싶었다. 집에 돌아와서 다방에서 만난 아주머니가 보낸 쌀 한 가마와 연탄 백 장을 보고서야 어쩌면 시어머니일지도 모른다는 생각을 했다. 김경옥이 처음 만난 시어머니 임선이는 다정다감한 여자가 아니었다. 목소리가 크고 체격도 좋은 편이었다. 유난히 손도 크고 두꺼운 여장부 스타일이었다. 그렇게 한 차례 만남을 주선한 후 조순제는 아내에게 절대로 다시는 임선이를 만나지 말라고 말했다.

"에미는 무신 에미! 그년은 바람나 도망간 년이다."

조순제와 임선이는 한번 싸우기 시작하면 격렬했다.

"야! 이 소 새끼야! 니가 양반은 무신 양반이라 말이고? 빌어 처물 놈이제."

또 하나의 가족

임선이는 아들에게도 서슴지 않고 쌍욕을 했고 아들도 지지 않았다.

"지랄 쫌 고마 하소. 그라마 우리 아부지 돈 훔치간 기나 돌리주소. 아들 버리고 도망친 년이 와 이리 말이 많노. 시발년."

임선이는 아들 조순제에게 따뜻하게 말을 건네는 법이 없었다. 그건 조순제도 마찬가지였다. 김경옥은 두 모자 간 싸움이 벌어지고 나면 '다시는 시어머니를 만나지 못하겠구나'라고 생각했지만, 아무리 거칠게 둘이 싸워도 다음 날이면 임선이는 아무 일도 없다는 듯 며느리를 불렀다.

조순제는 김경옥에게 "낳아준 에미가 있어도 차라리 없느니만 못한 남자가 있는데 그기 바로 내다!"라고 말하면서 임선이를 오랜 시간을 두고 원망했다. 아주 드물게 사이가 좋을 때도 있었지만 대개는 임선이를 증오했다. 조순제가 김경옥과 결혼한 이유는 아주 단순했다.

"저 여자라면 내가 죽어도 내 새끼들 안 버리고 끝까지 키울 곤조(근성)가 보이는 여자였다."

1958년 임선이가 막내딸 최순천을 낳은 뒤로는 형편이 나아져 조금 넓은 집으로 옮겼다. 그 무렵부터 최태민의 전 부인이 낳은 자식들이 찾아왔다. 최태민의 전처들은 먹고살기도 힘들다며 키우기 힘든 자식들에게 아버지 최태민을 찾아가라고 한 것이다. 최태민이 새로운 종교를 만드는 동안 임선이는 딸 넷과 전처들의 자식 셋을 같이 키워야 했다. 지독한 계모라는 말과 함께 독한 일수쟁이라는 말도 들었다. 누가 손가락질을 하든 악착같이 돈을 벌었고 하루도 쉴 수 없었다. 굴러들어온 남의 새끼들을 어딘가로 쫓아내려면 목돈을 쥐여줘야 했다. 김경옥은 그런 시어머니를 같은 여자로서 불쌍하다고 생각했다.

임선이는 남의 새끼를 키울 마음이 없었지만 자기 때문에 아비 없이 크게 된 광숙이나 광연에게는 조금 미안한 마음이 있었다. 그러나 최태민이 자신과 살림을 차린 동안에 바람을 피워 낳은 최재석은 색안경을 끼고 보았다.

최태민이 돈을 벌어오는 남자는 아니었지만 임선이도 남편이 가져오는 돈을 기다리는 느긋한 성격의 여자가 아니었다. 임선이는 시장을 다니면서 장사하는 사람들의 형편을 살폈다. 급전이 필요한 사람이 얼마나 있는지, 대략 얼마가 필요한지를 따져보고는 일수를 놓기로 마음먹었다.
독립문의 영천시장과 서소문의 중림시장, 그리고 가끔 이화여대 쪽으로 올라가는 골목의 아현시장까지 다녔다. 형편이 너무 어려운 사람에게는 기일을 조금 미뤄주거나 원금 일부를 탕감해주기도 했지만, 그때부터는 여지없이 이자를 올려 받았다. 하루나 이틀까지는 기다려 주었지만 그나마도 사흘째 날에는 가차 없이 실력행사에 들어갔다. 영천시장과 중림시장에서 임선이가 올라가 앉지 않은 방앗간 기계가 없었다. 빌린 돈을 갚기 전에는 기계를 아예 못 돌리게 으름장을 놓은 것이다. 빌려줄 돈을 조달하는 전주는 친구인 냉천동 한의원집 임 씨였고, 일수 도장을 대신 찍어주던 동업자 함경도집 아줌마는 친구가 되었다.

며느리 김경옥

김경옥은 시집살이를 자기처럼 한 년은 미친년이라고 얘기했다. 일을 시켜도 너무 많이 시켜서 어떤 때는 시어머니를 향해서 "시발년" 소리가 절로 나오기도 했다. 그러면서도 김경옥은 임선이가 시키는 일이라면 무엇이든 했다. 만두를 빚으라면 삼백 개가 기본이었다.

임선이는 자기 명령이라면 소처럼 일하고 불평하지 않는 며느리를 되도록 오래 붙들어 두려고 했다. 겉으로는 냉정하고 인정머리 없는 시어머니였지만 반찬 한 가지라도 최태민에게 권할 때는 "이거 한번 잡사 보소. 이거 용래네가 해 온 기라요"라며 은근히 며느리를 칭찬했다. 이왕이면 아들 조순제와 며느리가 최태민에게 잘 보였으면 했다. 김장할 때도 삼백 포기는 기본이었다. 온종일 일을 하고 저녁이 되어도 며느리에게 집에 가라는 얘기를 하지 않았다. 김경옥도 그만 가야겠다는 말을 하지 못했다. 빈대떡을 부쳐도 집에서 미리 부침개 반죽을 만들어 갔다. 그러지 않으면 온종일 빈대떡 부치느라 자기 자식들 밥도 굶길 판이었다. 아무리 일이 많아도 며느리인 김경옥과 함께 최순영을 비롯한 시누이들이 둘러앉아 빈대떡을 부치는 일은 없었다.

"니년들은 손맛이 없어가꼬 꿉어도 맛이 없어 안 된다. 니년들은 일로 들어온나."

임선이는 며느리가 종일 혼자 부친 빈대떡을 찬합에 넣어 쌓아 놓고 먹었다.

돈에 관한 한 그 누구도 믿지 못하는 임선이가 그나마 유일하게 돈 심부름을 시키는 이가 며느리 김경옥이었다. 함경도집에 가서 돈 받아 오라는 심부름을 가면 함경도집 아줌마는 김경옥을 앉혀 놓고 얘기했다.

"느그 시어무이 대단한 여자다. 우짜다가 니 같은 곤조 센 며느리가 들왔는지 모르겠다 카믄서도 양반 자손이 다르긴 다르다 카는 기 듣다 보이 자랑이드라. 시집살이 고되도 쪼매만 참아봐라. 느그 시어무이는 니를 안데이. 좋은 세월이 있을 끼구마."

또 하나의 가족

손자 조용래

1966년 조순제의 첫딸 조주영이 태어났다. 하지만 이듬해 조
순제가 사촌 누나의 남편인 이원우 공보부(국정홍보처의 전신) 장
관의 비서관으로 자리를 옮기던 달에 조주영이 죽었다. 딸이
첫돌을 넘기지 못하고 죽자 조순제는 열흘이 넘게 아무것도
먹지 못하고 앓았다. 1968년에는 첫째 아들 조용래가 태어났
다. 3년 뒤인 1971년 정치에 욕심이 있던 조순제는 서대문 갑
구에서 공화당 후보로 국회의원 선거에 출마했다가 낙선했다.
전 재산인 집 한 채를 선거판에서 날린 뒤에는 연신내 골짜기
셋방으로 이사를 해야 했다. 최태민과 박근혜가 주도한 여러
사업에 참여하기 전까지 몇 년간은 정치판을 기웃거리며 실업
자 생활을 했다.

1975년 조순제의 아들 조용래가 초등학교를 들어갈 즈음
의 좋았던 추억에는 할머니 임선이와 고모 최순득이 빠질 수
없다. 여름에는 할머니와 고모들과 함께 계곡 유원지에서 물
놀이를 했다. 겨울에는 최순득 고모가 연신내 골짜기의 논바
닥을 메워 만든 스케이트장에 데려가 주었다. 고모들의 성이
최 씨인 점이 이상하다고 생각한 것은 훨씬 나중의 일이었다.
어린이날에 어린이대공원이나 창경원에 함께 놀러 가기도 했

고, 그런 고모들이 있다는 건 어린 용래에게는 마냥 신나는 일이었다. 조용래는 아파서 열이 펄펄 나다가도 최순득 고모가 온다고 하면 벌떡 일어났다. 고모들을 좋아하는 아들을 볼 때면 조순제의 마음은 늘 복잡했다. 최태민이나 임선이와 거리를 두고 싶다가도 의붓동생들이 아들 조용래를 끔찍이 귀여워하는 것이 싫지만은 않았다.

이즈음 조순제는 나무판자로 된 발판에 앉으면 용변 냄새가 그대로 올라오는 재래식 화장실이 있는 셋방에서 살다가 조그만 정원이 있는 양옥집을 전세로 얻어 이사했다. 조용래가 국민학교 2학년이 되던 봄에는 임선이가 보태준 돈으로 서대문의 아파트로 다시 이사했다.

서대문 아파트에서 살게 된 이후로 김경옥은 매일같이 시어머니 임선이 집에 갔다. 김경옥이 저녁 늦도록 안 오는 날이면 조용래는 어머니를 데리러 송월동 기상청 아래에 있는 할머니 임선이 집으로 갔다. 김경옥이 임선이 집에서 매일같이 식모처럼 일하자 하루는 조용래가 임선이에게 왜 고모들을 두고 맨날 어머니만 일을 시키느냐고 따졌다. 얼마 뒤 임선이는 식모를 썼고 그제야 김경옥은 조금이나마 일손을 덜 수 있었다.

또 하나의 가족

최태민과 박근혜의 첫 만남

'운명의 여자'. 최태민이 박근혜를 지칭할 때 이보다 더 적합한 표현은 없을 것이다. 1974년 8월 14일 육영수 여사가 문세광이 쏜 총에 죽자 박근혜는 전국 각지에서 위로의 편지를 받았다. 그중에는 최태민의 서신도 있었다. 김형욱 회고록에 따르면 1975년 2월 최태민의 서신에는 이런 내용이 적혀 있었다고 한다.

> 어머니는 돌아가신 게 아니라 너의 시대를 열어주기 위해 길을 비켜주었다는 걸 네가 왜 모르느냐? 너를 한국, 나아가 아시아의 지도자로 키우기 위해 자리만 옮겼을 뿐이다. 어머니의 목소리가 듣고 싶을 때 나를 통하면 항상 들을 수 있다. 내 딸이 우매해 아무것도 모르고 슬퍼만 한다.

사이비 교주들이 쓰는 전형적인 수법이었다. 하지만 사회 경험이 없던 박근혜는 최태민이 놓은 미끼를 덥석 물었고 최태민을 청와대로 불러들였다. 일설에 의하면 최태민은 심리적 혼란에 빠진 박근혜 앞에서 육영수 여사의 영혼이 자신에게 빙의되었다며 육영수 여사의 표정과 음성을 그대로 재연했다고도 한다.

종교 지도자의 탈을 썼건 정신적 지도자의 탈을 썼건 분명한 것은 두 사람의 인연은 그렇게 시작되었다는 것이다. 나이를 초월하고 신분을 초월한 그 인연에는 아마도 무언가 말로 설명할 수 없는 종교적 신념에 가까운 것이 개입한 것이 분명했다. 그 정황을 모두 정확한 언어로 짚어 명쾌하게 설명하기에는 한계가 있다.

한 가지 분명한 것은 그때 박근혜의 마음속에서는 이미 권력에 대한 욕망이 꿈틀대었고 바로 그것이 최태민의 눈에 포착되었다는 것이었다. 그 포착이라는 단어의 의미는, 박근혜가 진정 무엇을 원하는지 명확하게 잡아내고 정확한 방향을 제시했다는 의미이다.

그 후로 박근혜와 최태민은 서로의 정신세계를 지배하는 교주가 되었다. 이상한 점이 한둘이 아니었다. 최태민과 만나는 박근혜는 욕망과 야망, 그리고 어떤 집착과 맹신 같은 다양한 요소들이 한데 뒤섞여 만들어내는 독특한 분위기를 풍겼다. 조순제는 이를 "간첩 점조직 하듯이 둘의 관계는 끊임없이 뭐… 고기가 땅에 있으면 물만 보면 찾아가듯이 딱 그런 관계"라고 설명했다.

독재의 날 선 칼날을 휘두르던 박정희의 딸 박근혜가 최태민을 만나게 된 운명의 시기에 조순제 역시 최태민의 원대한

꿈에 동참하게 되었다. 자신을 버리고 떠난 지 20년 만에 찾아온 생모와의 인연 때문이었다. 임선이는 아들 조순제가 남편 최태민에게 살갑게 굴고 인정받기를 원했으나 조순제는 불신과 의혹의 눈초리를 거두지 않았다. 조순제 입장에서는 백번을 양보해 생각해도 최태민을 어처구니없는 사이비종교의 교주 정도로 볼 수밖에 없었다. 박근혜가 최태민의 주술적 능력에 감동하여 그 세계에서 빠져나올 수 없는 운명이 되리란 생각은 그때까지는 하지 못했다. 최태민도 자신을 사이비종교의 교주라고 주장하는 신흥종교·이단종교 연구가 탁명환과 어울리는 조순제를 괘씸하게 생각하고 있었다.

제2장

조순제,
박근혜와 손잡다

1975~1993

고 육영수 여사 추모 사진전

조순제가 박근혜와 인연을 맺게 된 계기는 1975년 고 육영수 여사 1주기 추모 사진전을 준비하면서였다. 공보부 장관 비서 시절 조순제는 공식·비공식적으로 사진 찍을 일이 많았다. 개인적으로도 사진을 좋아하고 상당한 조예도 있었다. 그런 사실을 알고 있던 임선이는 아들 조순제가 육영수 여사 회고 사진전의 실무를 맡도록 설득했다.

결국 일을 맡은 조순제는 육영수 여사의 생전 사진을 찾아 전국을 다 뒤졌다. 바다 건너 미국까지 가서 외신 사진을 수집하고 외국의 사진전 사례를 확인하는 열정을 보였다. 귀국해서는 수집한 사진을 주제와 시간대별로 꼼꼼하게 정리했다.

이 일을 하면서 국민에게 추앙받는 국모를 기리는 뜻깊은 일을 한다는 사명감도 느꼈다. 이렇게 꽤 긴 시간 준비해 서울 덕수궁(8월 14~24일)과 대구 달성공원(9월 6~19일)에서 진행한 사진전은 대성공이었다. 1975년 8월 15일 〈서울신문〉은 관련 소식을 이렇게 전했다.

고(故) 육 여사의 추모 사진전이 열리고 있는 덕수궁에도 15일 사진으로나마 여사의 모습을 대하려는 사람들로 긴 행렬을 이루었다. 오전 9시에 문을 열자마자 사람들로 긴 행렬을 이루었다. 오전 9시에 문을 열자마자 사람들이 들어오기 시작해 6만여 명이 다녀간 추모 사진전에는 온종일 추모행렬이 전시장 밖에 2백m나 늘어서 있었다.

이 일로 최태민은 그전까지 다소 거리가 있던 조순제를 신뢰하게 되었다. 그리고 자신의 원대한 구상에 조순제를 더욱 적극적으로 끌어들였다. 그런 상황이 조순제도 싫지만은 않았다. 국회의원의 꿈을 꾸었던 대가로 지불한 파산 상태의 곤궁에서 벗어나고 싶었고 권력에 가까워지는 기회이기도 했다. 최태민의 일에 발 담그면서 조순제는 권력의 속성을 뼈저리게 느꼈다. 권력을 이용해 사람을 움직이는 방법을 배우게 되었다.

또 하나의 가족

조순제는 박근혜와의 첫 만남에서 이미 박근혜의 정치적 욕망을 보았다. 그것은 조순제 자신의 권력욕을 자극하기에도 충분한 것이었다. 조순제는 권력이 조직과 사람을 어떻게 장악하는지 박근혜를 통해서 눈을 떴다. 그 어떤 사나운 짐승도 먹을 것으로 충분히 길들일 수 있다는 걸 배웠다.

육영수 여사 사망 뒤 국립묘지에 있는 묘소를 찾은 연인원은 약 450만 명이었다. 〈경향신문〉 같은 언론은 "학처럼 청아하고 우아한 몸매에 입가엔 늘 잔잔한 미소를 잃지 않았던 고 육영수 여사가 온겨레의 가슴에 높은 뜻"을 기리는, 기사인지 소설인지 모를 내용의 기사로 그런 사실을 사람들에게 알렸다. 이런 사회 분위기는 최태민의 야욕에 불을 댕겼다. 육영수 여사에 대한 사람들의 향수와 그리움이 엄청나다는 걸 눈으로 확인했기 때문이다. 육 여사를 똑 닮은 박근혜를 미래의 대통령으로 만들 생각을 이때부터 했을지도 모른다.

대한구국선교단과 대한구국십자군

1975년 최태민은 1973년 시작한 영세교 활동을 중단하고 목사 안수를 받았다. 대한예수교장로회 종합총회 총회장 전기영 목사에 따르면 당시에는 돈 몇 푼 내고 목사 안수를 받는 경우

가 부지기수였고 최태민도 그런 인물 중 하나였다고 한다. 영
세교주 최태민이 왜 목사가 되었는지는 알 수 없지만, 1973년
5월 세계적인 대부흥사 빌리 그레이엄 목사가 방한해 대규모
전도 집회가 개최되었는데, 최태민이 이런 기독교의 교세를
이용할 의도였다는 설이 유력하다.

1975년 4월 29일 최태민은 대한구국선교단을 만들고 스
스로 총재에 올랐다. 1972년 10월 유신 이후 진보적인 기독
교계의 반발이 심상치 않았다. 많은 국민이 겉으로 대놓고 내
색은 못 해도 유신에 대한 반감이 컸을 때였다. 이런 상황에서
최태민은 기독교에 반공과 호국정신을 더하여 포장하면 명분
도 좋고 실리도 챙길 것이라고 생각했다. 박정희가 좋아할 만
한 일이기도 했다. 보름 정도가 지난 5월 13일에는 임진강에
서 기독교인 2,000명을 동원해 '구국기도회'를 개최했고, 즉
석에서 박근혜를 구국선교단의 명예총재로 추대했다. 그는 보
수세력을 중심으로 권력을 등에 업으려는 종교인들의 기도회
인지 궐기대회인지 분간이 안 되는 군중집회를 벌이면서 세력
을 확장시켜 나갔고, 그 중심에 박근혜를 세워놓은 것이다.

한 달이 조금 더 지난 6월 21일에는 배재고등학교에서 대
한구국십자군 창군식을 거행했다. 창군식에는 박근혜 명예총
재가 참석해서 언론의 주목을 받았으며 관련 소식을 전하는

기사도 쏟아졌다. 1975월 6월 11일 〈경향신문〉에 실린 내용을 보면 대한구국십자군이 어떤 성격의 단체인지 잘 보여준다. 구국십자군 '총사령관'의 다짐 사항 중에는 "사이비종교 일소"라는 코미디 같은 내용도 눈에 띈다.

> 한국개신교 90년 역사상 최초의 기독교 구국십자군 창군식이 21일 하오 4시 배재고교에서 열린다. 지난 4월 발족한 대한구국선교단의 산하기관으로 창설되는 구국십자군은 20만 명을 대상으로 하는데 목사를 분대장으로 소년대, 중등대, 고등대, 청년대, 부녀대를 조직, 기독교 신자의 정신무장과 일단 유사시에 대비해 군사교육도 실시할 것이라고 박장원 목사(총사령관·50·인천송월감리교회)는 밝혔다.
>
> 또 박 목사는 구국십자군은 ▲선량한 교인을 우롱하는 전도관 등 사이비종교 일소 ▲퇴폐풍조 일소 ▲사회부조리 제거에도 앞장설 것이라고 다짐했다.

대한구국선교단은 이후 대한구국봉사단을 거쳐 새마음봉사단으로 개칭된 뒤 박근혜가 총재로 취임했다. 최태민은 명예총재를 맡아 박근혜의 곁을 지켰다. 1980년 11월 신군부에 의해 강제 해산당할 때까지.

홍보실장 조순제

1975년 최태민이 대한구국선교단을 시작으로 각종 어용단체를 만들자, 조순제는 단체의 홍보실장으로 활약했다. 권위주의 시절 권력을 등에 업고 하는 일이어서 그 위치에서는 누가 한다고 해도 어려울 것 없는 일이었다. 언론과 좋은 관계를 맺고 기자들을 만나 술 마시고 친하게 지내는 정도면 충분한 일이었다.

하지만 홍보실장은 본업 외에도 성가신 잔업이 많았다. 대부분은 눈 뜨고는 못 볼 구차한 일이었다. 단원 중에서 최태민이 건드린 많은 여자의 원성과 하소연을 들어주어야 했고, 혹시라도 소문이 밖으로 새어나가 분란의 씨가 되지 않도록 막아야 했다. 반복되는 구차하고 치사한 일, 치졸한 일을 할 때면 역겨운 나머지 구토가 치밀었다.

최태민은 1977년 경로병원을 개원했다. 65세 이상의 무의탁 불우 노인들의 무료 진료를 내세운 경로병원에 들어오는 기부 의약품과 의료용품은 돈이 되는 아이템이었다. 양의 많고 적음이 다를 뿐 그 시절 병원 직원들의 상당수는 의료용품이나 약을 빼돌렸다. 총재였던 최태민이 대놓고 빼돌려 돈을 만들어 먹는 판국에 다른 사람들에게만 청렴하라고 강요할 수

또 하나의 가족

없었다. 그만큼 기관 내 부패가 만연했다. 최태민에게 돈을 뜯기고 억울함을 호소하는 사람들의 원성을 무마하는 정도의 일은 오히려 재미있는 축에 들었다. 들어줄 수 있는 부탁은 들어주고 도와줄 수 있는 일은 도와주고 이도 저도 안 되면 소주라도 사주며 마음을 다독여 줄 수 있었다. 조순제는 그 당시를 이렇게 회상했다.

"너무 더러운 물에 사는 물고기는 어느새 혼탁한 물에 익숙해져 갑자기 깨끗한 물을 넣어주면 죽어버린다. 그때 상황이 꼭 그런 혼탁한 물과 그런 물에 익숙한 물고기들 천지였다."

이단종교 연구가 탁명환

당시 최태민의 사이비종교 행각을 추적하는 한 사람이 있었는데 그는 신흥종교 및 이단종교 연구가 탁명환 소장이었다. 1973년 탁 소장은 다음과 같은 〈대전일보〉 광고를 보고 당시 원자경이라는 이름을 쓴 최태민을 찾아갔다.

영세계에서 알리는 말씀
영세계 주인이신 조물주께서 보내신 칙사님이 이 고장에 오시어 수천 년간 이루지 못하며 바라고 바라던 불교에서의 깨

침과 기독교에서의 성령강림, 천도교에서의 인내천, 이 모두를 조물주께서 주신 조화로서 즉각 실천하신다 하오니 모두 참석하시와 칙사님의 조화를 직접 보시라 합니다.

일시: 5월 13일 오후 4시

장소: 대전시 대흥동 현대예식장

탁 소장은 대전 부근에서 사람들을 모아놓고 종교의식을 치르는 최태민을 처음 봤을 때의 광경을 종교 평론지 〈월간종교〉에서 이렇게 설명했다.

주위에 온통 둥근 원을 색색으로 그려놓고 알 수 없는 주문을 외우면서 보는 이를 현혹하게 하는 것이 영락없는 사이비 종교 사기꾼이라고 직감했다. '나무자비 조화불'인가 뭔가를 외치는데 너무 황당해서 웃음이 나올 뻔했다. 그런데 신기하게도 수십 명의 사람이 모여 그 광경을 진지하게 지켜보거나 일부는 이미 최태민의 제자라도 된 듯, 그에게 빠져들고 있었다. 그는 '영세계의 원리'라고 다소 그럴듯해 보이는 주제를 말했지만, 그 내용은 기독교·불교를 비롯한 이 종교 저 종교에서 짜깁기한 내용을 뒤죽박죽 섞어놓은 것이었고 그나마 내용도 없는 공허한 소리였다.

또 하나의 가족

그런 최태민이 대통령 딸을 등에 업고 반공 호국을 부르짖는 정체성이 모호한 관변단체의 수장으로서 목소리를 높여갈 때쯤 탁 소장은 비판적인 기사를 쏟아냈다. 최태민이 종교라고 주장하는 것이 실체가 모호한 사이비라는 것을 정확히 지적한 것이다.

대외 홍보 업무 외에도 최태민의 치부를 감추는 역할을 한 조순제와 탁명환의 인연은 그렇게 시작되었다. 조순제는 탁명환을 만나 최태민에 대한 공개적인 비판을 하지 말도록 부탁했다. 두 사람은 점잖게 이야기하다가도 의견이 충돌해 설전을 주고받기도 했다. 하지만 시간이 흐를수록 서로에게 인간적인 호감을 느꼈다. 특히 조순제는 탁명환 소장의 풍부한 종교적 식견에 감탄했고, 신앙심과 사명감을 높이 평가했다.

조순제는 탁명환 소장이 불의한 시대를 더 불의하게 만든 사이비종교의 문제를 깊이 연구하고, 그 시절 사이비종교에 의해서 불행을 겪는 사람들에게 연민을 느끼는 몇 안 되는 사람 중의 하나라고 평가했다. 1994년 2월 탁명환이 괴한의 습격을 받고 숨졌을 때 조순제는 아까운 사람이 세상을 떠났다며 안타까워했다.

박근혜의 특별한 사명

최태민은 각종 어용단체를 조직하고 운영하는 한편 박근혜에게 특별한 사명을 주입했다. 대한민국을 평화통일로 이끌고 세계의 지도적인 국가로 만드는 것이었다. 영원히 이어질 박씨 왕국의 후계자로 박근혜 스스로가 등장할 터였다. 올바른 정치 철학이나 반듯한 이념 따위가 끼어들 틈이 없었다. 얼마 안 가 그 위대한 사명은 구국여성봉사단이 만들어지고 박근혜가 명예총재에 오르면서 실체를 갖춘 모습으로 나타났다.

강당을 가득 메운 청중의 열화와 같은 환호, 그 한가운데 등장하는 박근혜는 드디어 자신이 권력의 상징이라는 착각을 하게 된다. 군중의 함성은 어떤 면에서는 최태민이 박근혜에게 건 최면과도 같은 것이었다. 종교적 환상을 체험하는 것보다 더 실감 나는 권력 경험이기도 했다.

아마도 그때부터 두 사람은 지구가 자신들을 중심으로 자전하고, 온 우주가 자신들을 중심으로 공전한다는 환상을 품기 시작했을 것이다. 그 즈음의 광경을 조순제는 이렇게 회고했다.

"청와대에 대통령 박정희가 있다면 송월동엔 소통령 최태민이 있었다. 무슨 일을 하더라도 돈이 문제가 되거나 걸림돌이 되지 않던 시절이었다. 그야말로 돈이 돈이 아니던 시대였다. 그때부터 최태민은 돈 걱정을 하지 않아도 될 정도로 돈이 풍족해졌다."

최태민은 서울뿐 아니라 전국 어디든 누군가 돈이 되는 사업을 한다는 소식만 들리면 달려가 박근혜와 구국봉사단의 이름을 팔아서 돈을 뜯었다. 남산 케이블카에서부터 동네 목욕탕까지 정신없이 뛰어다녔다. 각종 인허가와 관련해서 돈을 뜯어내고 허가를 받고 나면 공사를 하는 동안에도 허가를 취소시키겠다는 협박을 하며 마침내 사업자가 사업을 포기할 지경에 이를 때까지 악착같이 빨아먹고 나서야 멈추었다. 그러고는 매우 치밀하고 은밀하게 돈을 관리했다.

1977년 '친국'

최태민을 둘러싼 각종 이권 개입과 횡령, 사기 등 온갖 종류의 권력형 비리와 여자 스캔들이 들끓자 1977년 9월 12일 박정희 대통령은 이른바 '친국'(임금이 직접 죄인을 심문함)을 한다. 박정희는 딸 근혜가 하는 일들이 문제가 있는지 당사자를 불러 직접 확인한 것이다. 대통령 서재에서 진행한 친국에는 중앙정보국의 김재규 부장과 백광현 6국장이 동석했다. 조순제는 이때 상황을 녹취록에서 이렇게 증언한다.

"증거를 내놔 했는데 증거를 하나도 못 내놔. 그러니깐 박대통령이 가당치가 않거든요. 자료 내놨다가는 근혜가 맞아 죽고, 또 그 사람들이 바보가 아닙니다. 자식 이기는 부모 없거든요. 결국 박통 하는 것 보니까 전부 지네만 다치거든요. 그러니깐 근혜 쪽 붙은 사건은 전부 피하는 겁니다. 그 판국에 그 책임자가 내게 말하는 게 맞는 거 아니야. 안 그래? 말해도 맞아 죽고."

이 자리에서 박근혜가 적극적으로 최태민을 옹호하자 결국 박정희 대통령은 이 일을 검찰 조사에 맡겼고 그 바람에 두 사람을 떼어놓을 기회를 놓치고 말았다. 이후 최태민은 새마음봉사단의 총재 자리를 박근혜에게 넘겨주지만, 명예총재 자리를 맡아 박근혜 옆에 계속 머물게 된다.

이날 최태민과 나란히 앉아 '친국'에 참여했던 김재규는 그런 상황이 치욕스러웠을 것이다. 실제로 10·26 뒤 재판을 받은 김재규는 '항소이유보충서'에 이런 진술을 포함해 '친국'

또 하나의 가족

에서 보여준 박정희의 태도에 실망한 것이 '10·26 혁명'의 동기라고 분명히 밝혔다.

본인이 결행한 10·26 혁명의 동기 가운데 간접적인 것이기는 하지만 중요한 한 가지는 박 대통령이나 유신체제 자체에 관한 것이 아니라 박 대통령의 가족에 관한 것이기 때문에 공개된 법정에서는 밝힐 수 없지만, 꼭 밝혀둘 필요가 있으므로 이 자리에서 밝히고자 합니다.

① 구국여성봉사단과 관련한 큰 영애의 문제
구국여성봉사단이라는 단체는 총재에 최태민, 명예총재에 박근혜 양이었는 바, 이 단체가 얼마나 많은 부정을 저질러왔고 따라서 국민, 특히 여성단체들의 원성이 되어왔는지는 잘 알려져 있지 아니합니다. 그럼에도 불구하고 큰 영애가 관여하고 있다는 한 가지 이유 때문에 아무도 문제 삼은 사람이 없었고 심지어 민정수석 박승규 비서관조차도 말도 못 꺼내고 중정부장인 본인에게 호소할 정도였습니다.

본인은 백광현 당시 안전국장을 시켜 상세한 조사를 시킨 뒤 그 결과를 대통령에게 보고하였던 것이나 박 대통령은 근혜 양의 말과 다른 이 보고를 믿지 않고 직접 친국까지 시행

하였고, 그 결과 최태민의 부정행위를 정확하게 파악하였으면서도 근혜 양을 그 단체에서 손 떼게 하기는커녕 오히려 근혜 양을 총재로 하여, 최태민을 명예총재로 올려놓은 일이 있었습니다. 중정 본부에서 한 조사보고서는 현재까지 안전국(6국)에 보관되어 있을 것입니다.

10·26 사태

최태민과 박근혜 두 사람은 자신들만의 원대한 꿈이 어떻게 그려질지 그 당시로써는 알 수 없었다. 죽은 육영수 여사의 자리를 대신하는 영애 박근혜가 관여하는 일에 많은 사람이 따라 움직이고 자연스럽게 큰돈이 몰려들었다. 굳이 협박과 강탈이 아니어도 누구나 좋은 의미로 동참하고 싶어 했다. 특히 기업이나 재력가들에게는 명분이라는 덤까지 더해주었다. 어차피 큰 사업을 하는 기업에게는 권력과 손잡는 것은 든든한 보험과도 같은 것이었다.

하지만 최태민은 정도를 벗어날 때가 많았다. 너무 지독하게 돈을 뜯어낼 때는 조순제가 원성을 사지 않을 정도로 하라고 여러 차례 건의까지 할 정도였다. 최태민이 그런 말을 들어줄 사람이 아니었다. 왜 그래야 하는지도 이해하지 못하는 인간이었다. 최태민이 돈을 뜯으러 다니고 조순제는 그 뒷처리를 하는 상황은 꽤 오래 지속되었다. 박정희가 죽기 전까지는 그랬다.

1979년 10월 26일 박정희가 시해되던 날 밤의 상황을 조순제의 아내 김경옥은 이렇게 설명했다.

새벽 두 시에 걸려온 전화를 조순제가 받았다. 무슨 일이냐고 묻는 아내에게 조순제는 엄지손가락을 들어 보였다. 그러고는 손으로 목을 치는 시늉을 했다. 조순제는 황급히 옷을 입고 뛰쳐나갔다. 김경옥은 높으신 양반이 돌아가셨다는 뜻인 것 같았지만 설마 박정희 대통령이 죽었다고는 생각도 하지 못했다. 최태민이 죽었다는 줄 알았다. 두세 시간 뒤 집으로 돌아온 조순제는 집 안의 서류 뭉치를 이리저리 싸고 옮기는가 하면, 문제가 될 만한 문서는 파기하고 보관해야 할 문서는 아내에게 잘 숨겨두라고 이르고는 다시 집을 나섰다.

이후 조순제는 한 달 가까이 집에 들어오지 않았다. 숨겨두라고 한 서류는 옆집과 이웃집에 옮겨다 두었다. 며칠 뒤 중앙정보부 요원들이 구둣발로 집 안에 들이닥쳐 이리저리 뒤지며 쑥대밭으로 만들고 갔다.

그 사이 최태민이 신군부의 탄압을 피해 강원도로 도망갔다. 남아 있던 임선이는 중앙정보부에 끌려가 조사를 받았다. 그때 고문도 받았는지 임선이는 이런 말을 하기도 했다.

"야, 야, 말도 마라. 개자슥들이요, 손가락을 입에 넣어가 찢는데 아픈 기사 그렇다치도 더러버 죽겠드라 그 비러처물 새끼들."

임선이는 자기 손가락을 입에 넣어 억지로 피가 나게도 했고, 그게 먹혔는지 곧 풀려났다. 하지만 언제 또 끌려갈지 모른다는 두려움에 바로 집으로 들어가지 못하고 서대문에 있는 조순제의 아파트에 몸을 숨겼다가 다시 연신내에 있는 조순제의 처제 집으로 피신을 했다.

이모, 성령이 머이야?

석 달도 넘게 강원도 산골에 피신해 있던 최태민은, 신군부의 추적과 감시의 눈초리가 느슨해진 틈을 타 임선이가 머물고 있는 조순제의 처제 집으로 몰래 들어와 한동안 그곳에서 생활했다. 최태민은 의붓며느리의 여동생네 있으면서도 그다지 미안해하지 않았다. 하루는 조순제의 처제가 삶아준 국수 한 그릇을 다 비운 후 대뜸 이런 질문을 했다.

또 하나의 가족

"이모, 성령이 머이야?"

신앙생활을 열심히 한 조순제의 처제는 성서에 대한 지식이 깊었다. 그래서 목사인 최태민이 자신과 성령에 대해 뭔가 심오한 종교 토론이라도 벌일 줄 알았다. 하지만 곧 그 질문이 진짜 아무것도 몰라 궁금해서 물어보는 것이라는 걸 깨닫고는 아연실색했다. 기독교의 가장 중요한 개념인 성령이 뭔지 아무리 얘기해도 이해하지 못하는 최태민이 한심하기까지 했다. 최태민은 그런 사람이었다. 자신이 주창하고 떠드는 '영세교'에 대해서도 어떤 이유와 무슨 의미를 가진 종교인지 논리적으로 설명하지 못했다.

대통령의 딸인 박근혜가 이렇게 지적 수준이 낮고 고약한 사기꾼에게 왜 그렇게 빠졌는지 도무지 이해를 못하는 아들 조용래에게 조순제는 이렇게 설명했다.

"최태민은 박근혜가 무엇을 원하는지 무엇을 채워주면 온전하게 그 사람을 지배할 수 있는지를 정확하게 알고 있었다. 그것이 최태민의 능력이라면 대단한 능력이지만 문제는 그 시절 박근혜라는 여자가 원하는 것은 최태민이 채워주기에는 너무도 쉬운 것이었다. 국가의 지도자가 되고 싶은 허상에 가까운 야심, 그리고 집착적인 욕망뿐이었다. 최태민에겐 남아도 너무 많이 남는 장사요, 편해도 그렇게 편한 장사가 없었다."

말리고 싶어도 누군가 말려줄 수 있는 수준의 일이 이미 아니었다. 너무 심각하게 그리고 진심으로 자신들만의 신념에 도취해 있었다. 정상적인 의식을 가진 사람이면 조금만 가까이에서 지켜보면 알 수 있는 사실이라 최태민은 누구도 박근혜에게 다가가지 못하도록 기를 쓰며 차단했다. 박근혜의 동생들도 예외가 아니었다.

박정희의 뭉칫돈

10·26 뒤 신군부에서 합동수사본부 수사단장을 맡은 인물은 이학봉이었다. 육사 18기로 하나회 회원이었던 이학봉은 10·26 사건을 수사하면서 김재규를 고문한 것으로 알려져 있다. 그런 이학봉이 최태민 의혹도 수사했다. 조순제는 잠시 잠적을 했지만, 이학봉과 어릴 때부터 친분이 있었기에 따로 불려가 조사를 받지 않아도 되었다.

박정희 사후 조순제가 한 가장 중요한 일은 박정희가 남긴 돈을 최태민 일가 쪽으로 옮기는 데 관여한 것이다. 금덩어리도 나왔고 달러와 채권 뭉치도 나왔다. 외국 은행의 비밀 계좌에서도 돈이 나왔다. 조순제는 자금을 은밀하게 옮기기 위해 태권도 체육관을 운영하는 손아래 동서를 시켜 미리 사범과 유단자 몇 명을 이 은밀한 물건을 옮길 중간 도착지에 미리 배치했다. 평소에 잘 알고 지내던 중앙정보부의 직원들도 동원했다.

박근혜 각본, 최태민 연출의 드라마에 조순제가 조연출 역할을 했다고 보면 거의 틀림이 없다. 박근혜 입장에서는 부정하고 비밀스러운 돈이었기에 나라에 헌납할 수 없었다. 청렴한 대통령 이미지가 한 방에 무너질 터였다. 커도 너무 큰 단위의 돈이라서 크게 당황했고, 어쩔 수 없이 최태민에게 의지했을 것이다. 자금을 옮기는 일이 마무리되자 조순제는 처음이자 마지막으로 마음에서 우러나온 고맙다는 인사를 박근혜로부터 들었다.

하지만 훗날 조순제는 폐암에 걸려 죽기 얼마 전 자신이 평생 한 일 중에서 가장 후회되는 일이 박정희의 자금을 최태민에게 옮겨다 주는 데 일조한 것이라고 아들 조용래에게 고백했다.

"최태민이 도둑놈이었다면 진정 위대한 도둑놈이다. 돈이나 권력을 빼앗는 도둑이 아니라 사람의 마음을 빼앗고 정신을 지배하는 도둑질은 신의 경지에 이른 사람만이 할 수 있는 일이다. 하지만 최태민에게 의리라는 것이 있었느냐고 묻는다면 그런 건 전혀 없는 인간이었다고 말할 수밖에 없다. 양아치 조폭들도 규칙과 의리를 내세우는 데 최태민이라는 인간은 어떻게 된 영문인지 장물일지라도 가장 중요한 역할을 한 내게 한 푼도 나눠주지 않는 지독한 놈이었다."

아들 조용래는 그 당시 아버지가 했던 온갖 나쁜 짓이 어떤 일이었는지, 그 훔친 돈은 과연 어떤 돈이었는지 알게 될 무렵에서야 조순제가 왜 자신이 했던 일을 그토록 처절하게 후회하면서 죽어갔는지 이해할 수 있었다.

임선이는 왜 '밀회'에 눈감았나?

자금 이동 일을 마무리한 뒤로 최태민은 조순제에게 박근혜가 살던 신당동 사저의 수리를 부탁했다. 조순제는 평소 친분이 두터운 경남기업 신기수 회장에게 이 일을 의뢰했다. 신기수 회장은 무상으로 집수리를 해주고 난 뒤에도 자신이 살려고 마련해둔 집을 박근혜에게 내주기도 했다. 이 무렵 조순제는 경남기업의 부산 지사장 자리를 얻었다. 신기수 회장의 배

또 하나의 가족

려였지만, 경남기업 입장에서도 이학봉을 비롯한 신군부 실세와 가까웠던 조순제를 바람막이로 세울 필요가 있었다.

10·26 뒤 최태민은 더는 박정희의 눈치를 보지 않아도 되었지만, 전두환의 감시는 5공 내내 지속되었다. 최태민과 박근혜는 최대한 남들의 눈을 피해 둘만의 시간을 갖는 데 집중했다. 두 사람의 은밀한 만남은 철저히 집 안에서 이루어졌다. 최태민 일가가 역삼동의 새집으로 이사한 이후에도 밀회는 이어졌다. 밀회 장소는 누구도 근접할 수 없도록 장막이 쳐졌고, 심지어 아들 조순제가 찾아갔을 때도 발걸음을 조심하도록 눈치를 줬다. 박근혜가 오는 날에는 식구들 모두 자리를 피하고 숨었으며 숨소리조차 크게 내지 않았다. 이 일에 관심을 두는 것 자체가 금기시되었다.

조순제는 이런 기묘한 상황보다 더 이해할 수 없었던 것이 있었는데 그것은 바로 자신의 생모인 임선이의 처신이었다. 남편이 외간 여자와 집 안에서 밀회를 나누는 상황을 어떻게 방조할 수 있을까? 하지만 생각해보면 임선이 입장에서 충분히 그럴 수 있었는지도 모른다. 결혼 뒤에도 애 딸린 여자가 찾아오는 일이 드물지 않았다. 그때마다 있는 돈 없는 돈을 쥐여줘서 쫓아내야 했다. 하지만 박근혜는 차원이 달랐다. 돈을 쥐여줘야 하기는커녕 오히려 가족에게 엄청난 돈과 권력을 안

겨주는 사람이었다.

최태민이 박근혜의 정신을 철저하게 지배할 수 있게 된 이유는 박근혜의 권력을 향한 욕망을 최태민이 이해하고 이끌어주었기 때문이다. 임선이는 낚시꾼 최태민이 끌어올린 물고기가 사실은 월척 정도가 아니라 용을 낚아 올린 것이라는 사실을 가장 먼저 알아챈 사람이다. 그런 의미에서 본다면 진짜 낚시꾼은 임선이였고 최태민은 임선이가 낚싯바늘에 꿰놓은 미끼였는지도 모른다. 임선이는 달러장사와 일수놀이로 잔뼈가 굵은, 다시 말해서 돈 냄새와 세상이 움직이는 방향을 읽어내는 감각을 선천적으로 타고난 여자였다. 훗날 벌어지게 될 비극적인 사태는 바로 임선이의 욕심에서 비롯된 것이었다. 이런 상황을 조순제는 이렇게 아들에게 설명했다.

"그 할매는 보통사람이 아니다. 만일 학교라도 다니고 공부를 했더라면 나라를 들었다 놨다 했을끼다. 여자 치마 들추기에만 정신 팔린 정신병자 수준의 최태민이 그럴 수 있었던 것은 바로 그 할매가 있었기 때문이다."

임선이가 없었다면, 임선이가 이렇게 끌고 가지 않았다면 박근혜가 대통령이 되겠다고 설치는 꼴만은 안 보게 되었을

또 하나의 가족

것이라면서 이런 말도 덧붙였다.

"너의 할매는 ▓▓▓▓▓▓▓▓▓▓▓▓▓▓▓▓▓▓ 여잔데 오죽 하겠느냐."

임선이가 몸통인 이유가 여기에 있다. 이 이야기가 역사에 남는다면 비극으로 남을 기가 막힌 사실이라고 한탄하던 아버지의 목소리를 아들 조용래는 평생 잊을 수 없었다.

"다 내 잘못이다. 그런 짓만은 하지 말았어야 했는데 너무나도 후회스럽다."

조순제의 목소리는 세월이 지난 뒤에도 계속 아들 조용래의 귓가에 맴돌았다.

조순제의 부산 시절

이 무렵 조순제는 밤에 잠자리 들기 전 자신이 뭘 하고 있는지 생각하곤 했다. 여느 아버지처럼 평범하게 일 끝나면 퇴근해서 아내와 자식들과 노닥거리며 저녁을 먹고 하루의 피로를 푸는 일상이 그리웠다. 그런 일이 먼 나라 이야기가 되어버렸음을 깨닫고는 깊은 한숨을 내쉬기도 했다.

조순제에게도 짧게나마 그런 기회가 왔다. 구국봉사단에서 일하면서 친분이 쌓여 가깝게 지내던 사람들이 꽤 있었다.

그중에는 기업인이 많았는데 경남기업 신기수 회장도 그들 가운데 한 명이었다. 1980년 말 조순제는 신 회장의 배려로 경남기업의 부산 지사장으로 자리를 옮기게 된다. 부산으로 내려가기 전 임선이는 아들 조순제에게 물었다.

"갱남기업이 머하는 회사고?"

"아파트 짓고 도로도 닦고 다리도 놓고 그라는 건설회사요."

아들의 대답을 들으면서 임선이는 이내 고개를 끄덕였다. 하나밖에 없는 아들이 최태민에게 인정받고 박근혜의 오른팔이 되기를 기대했으나 애당초 자기 뜻대로 될 일은 아니었음을 임선이도 알고 있었다.

조순제가 부산으로 내려가는 시점에 임선이는 5공화국이 자신들을 의심하고 감시한다는 걸 잘 알고 있었다. 계절로 따지면 최 씨 일가는 찬바람 부는 겨울로 향하고 있었다. 당분간 풍파를 피해 있기에는 부산이 나쁘지 않았다. 임선이는 최태민이 크게 시비를 걸지 않을 정도의 돈을 마련해 아들 조순제에게 건네주었다. 임선이는 조순제에게 돈을 줄 때 최태민의 배려라는 느낌이 들게 하려고 애를 썼다. 하지만 조순제는 최태민이 생색내는 꼴은 보고 싶지 않았다. 그런 조순제를 두고 임선이는 평생 돈을 못 만질 놈이라고 질책했다.

또 하나의 가족

그 뒤로 몇 년간 조순제는 서울을 떠나 부산에서 아파트 건설 현장이나 지하철 공사장에서 사고가 나지 않도록 관리 감독이나 하면서 맘 편히 살 수 있었다. 훗날 조순제는 당시의 심경을 이렇게 밝혔다.

"풍우가 지나고 위험하고 음습한 음모에서 벗어나서 열심히 일하고 월급 받고 저녁에 소주 한잔 하고서 편히 잠들 수 있던 가장 마음 편했던 시기였지."

81년 3월 중학교에 올라간 조용래는 학교 문제로 서울의 할머니 임선이 집에서 일주일 정도 지낼 일이 있었다. 조용래가 임선이 집에 간 적은 많았으나 둘이서 한방에서 먹고 자고 한 것은 이때가 처음이자 마지막이었다. 아들에게 미안했던 마음을 손자에게나마 표현하고 싶었던 임선이는 손자가 부산으로 내려가는 날 손목에 롤렉스 시계를 채워주며 이렇게 말했다.

"이기 백금 딱지데이. 남자 손목에 싸구려 시계 차고 다니는 기 아이다."

롤렉스가 얼마나 비싼 메이커인지 백금 딱지가 뭔지 몰랐던 조용래는 그저 눈만 껌벅거렸다. 세월이 한참 지나 최순실 게이트가 터지면서 임선이라는 이름도 회자가 될 쯤에야 그때의 기억을 떠올리게 되었다.

조순제, 영남재단을 장악하다

전두환의 제5공화국 수립 이후 박근혜와 최태민은 자신들의 원대한 꿈을 잠시 접고 때를 기다렸다. 대신 그사이 박정희 시절에 만든 정수장학회와 영남재단을 잘 관리할 필요가 있었다. 1983년 박근혜가 육영재단 이사장으로 취임하고 나서 박근혜와 최태민은 임선이를 통해 조순제에게 정수장학회를 맡아 달라는 요청을 했다. 부산에서 경남기업의 임원으로 있던 조순제는 이를 극구 마다했다. 재단의 재산과 운영에 의혹이 많은 정수장학회를 덜컥 맡고 싶지 않았다. 다시 최태민이 하는 일에 발을 담그기가 싫었다. 무엇보다 박근혜의 영향력 확장에 동참하기도 싫었다.

여러 차례 임선이의 요청을 받은 조순제는 결국 회계에 능하고 믿을 수 있는 사람을 한 명 소개해주었다. 그렇게 투입된 조용생 감사는 비선으로 정수장학회의 모든 회계업무를 총괄했다. 재단의 재산과 운영에 대해서 세상의 의혹을 받는 특수한 처지를 생각하면 현명한 판단이었다.

조순제가 정수장학회를 맡지 않겠다고 한 것을 두고 임선이는 "복을 피해 다니는 놈"이라고 욕을 했다. 한번 물면 놓지 않는 임선이였다. 정 안 되겠으면 영남투자금융과 영남재단의

또 하나의 가족

일을 맡아야 한다고 거품을 물었다.

그렇게 조순제는 서울로 다시 올라왔다. 신군부의 힘이 빠지기 시작하던 1984년 영남재단 업무를 맡았다. 초기에는 10·26 이후 주인 없이 표류하던 명동 영남투자금융 사무소부터 장악했다. 이때 영남재단 4인방 중 두 명인 손윤호, 곽완석을 선발대로 보냈다.

영남대학교와 영남대학병원, 영남투자금융의 하부 조직에도 사람들을 심었다. 1985년에는 바지사장을 한 명 세워두고 영남투자금융의 전무로 취임했다. 그러자 기존의 영남재단에서 일하던 사람들은 조직적으로 저항했고 점령군이 왔다며 반발했다.

그즈음 영남대학교와 영남투자금융이 주축이 된 영남재단은 그야말로 무주공산이었다. 누가 주인이고 누가 무슨 결정을 내려서 어떻게 조직이 굴러가는지 몰랐다. 자신의 입지와 영향력을 고려한 임직원들의 상당한 저항이 있었다. 조순제는 소극적인 저항에는 당근을 제시했고 적극적으로 저항하는 사람들은 해고했다. 어차피 재단의 주인은 박근혜였다. 쉽게 조직을 장악한 조순제는 박근혜가 원하는 대로 재산을 정리하고 돈을 만들어 최태민에게 보냈다.

박근혜의 집사 김경옥

그 무렵 조순제의 아내 김경옥은 임선이의 요청으로 박근혜의 개인 생활과 건강관리에 개입하기 시작했다. 임선이는 박근혜의 일상 생활에 관한 소소하고 민감한 모든 것을 관리했으며 그중 일부는 며느리 김경옥에게 시켰다.

어느 날 김경옥은 박근혜의 집안일을 믿고 맡길 사람을 구해 오라는 임선이의 지시를 받고, 주변 사람 중 관이 엄마라는 사람을 소개했다. 관이 엄마는 박근혜 집 살림살이와 청소를 맡았다. 또 종종 김경옥이 직접 들러서 챙겨주기를 바라는 임선이의 요청으로 삼성동 박근혜의 집을 드나들게 되었다. 김경옥은 관이 엄마의 남편인 이 씨를 육영재단에 취직시켜 주기도 했다. 솜씨 좋고 심성이 착한 관이 엄마가 최선을 다해 일한다고 판단한 최태민은 연신내 골짜기 셋방에 살던 관이 엄마 부부를 정수장학회가 삼성동에 지은 정수아파트로 이사하게 했다.

한번은 박근혜의 차를 오랫동안 운전하던 모 씨 성의 기사가 어느 날 암 진단을 받고 수술을 받아야 했다. 임선이는 조순제에게 모 기사를 대체할 사람을 빨리 한 명 데려오라고 했다. 믿을 수 있고 입이 무거운 사람이어야 했다. 조순제는 부

또 하나의 가족

산 시절 운전기사로 일했던 민 기사를 급히 서울로 올려보냈다. 훗날 민 기사는 조순제의 아들 조용래에게 당시에 겪은 일을 이렇게 털어놓았다.

"그때는 너무 높으신 어르신이라는 생각에 늘 긴장해서 숨이 막힐 것 같았어. 어느 무더운 날이었지. 뒷자리에 말없이 앉은 미스 박은 얇은 블라우스 한 장을 입고 굳게 입을 다물고 있었지만, 나는 양복을 입고 넥타이까지 매고 있어서 땀이 비오듯 쏟아지는데도 에어컨을 못 켜게 했지. 숨이 막힐 것 같은 중압감이 연일 계속되었어. 그러던 어느 날 문득 '이건 도저히 아니다' 싶더라고. 한 달 조금 넘게 일하고는 도저히 못하겠으니 고향으로 돌려보내 달라고 말을 꺼내자 최태민이 '너 당장 파면이야!'라며 노발대발했던 기억이 나는군."

실제로 민 기사는 곧바로 해고되었고, 조순제는 민 기사를 영남재단으로 돌려보냈다.

그리고 얼마 지나지 않아 원래 박근혜 차를 몰던 모 기사가 몸을 추스르고 다시 왔을 때였다. 박근혜는 모 기사의 쾌유를 묻기보다는 암에 걸렸던 사람과 함께 차에 타는 것이 왠지 찜찜하다며 모 기사를 꺼렸다. 박근혜의 그런 태도에 심한 섭

섭함을 느낀 모 기사는 김경옥을 붙들고 한참을 울기도 했다. 김경옥은 모 기사와 함께 가락동시장을 다니며 박근혜 식탁에 오를 음식 재료를 사러 간 적도 많았던 터라 그의 그런 모습이 무척 측은해 보였다.

조순제는 박근혜가 묵묵하고 성실하게 오랜 세월 자신의 발이 되어준 사람을 그렇게 매정하게 대했다는 이야기를 듣고 박근혜가 매정하기로는 둘째가라면 서러워할 인간이라고 생각했다.

김경옥은 박근혜에 대한 인간적인 모습을 본 기억도 있다. 어느 날 박근혜의 삼성동 집에서 항아리 하나를 발견했다. 뚜껑을 열어보니 오래된 고추장이 돌덩이처럼 굳어 있었다. 마치 물 마른 논두렁이 굳은 듯 딱딱하게 굳은 고추장은 먹을 수 없어 보였다. 버리려다가 혹시 몰라 김경옥은 박근혜에게 물어보자 이런 답이 돌아왔다.

"어머니 솜씨와 혼이 담긴 것 같아 먹지 못해도 가끔 열고 들여다보는 거예요."

그러면서 눈가에 이슬이 맺혔다. 그런 박근혜를 보니 김경옥도 왈칵 눈물이 쏟아질 뻔했다. 죽은 엄마를 그리워하는 박근혜의 모습은 측은하기 이를 데 없었다. 김경옥은 오래된 고추장을 비우고 항아리를 깨끗이 닦았다.

또 하나의 가족

김경옥은 방 안에 있던 조그맣고 하얀 탁자도 기억했다. 박근혜는 언제나 그 앞에 혼자 앉아서 채 반 주먹도 안 될 만큼 적은 양의 밥을 먹었다. 단아하게 앉아서 말없이 차를 마셨고 늘 손에서 책을 놓지 않았다. 테이블 옆에는 중국어로 된 원서가 쌓여 있었다.

당시 박근혜는 자신을 위협하는 세력이 있다고 믿었고, 그들로부터 자신을 지켜주는 최태민에게 삶의 모든 부분을 의지했다. 최태민이 믿을 수 있는 사람 외에는 그 누구의 접근도 허용되지 않는 철옹성 안에서 한 발자국도 떠나지 않았다. 심지어 마시는 물 한 모금, 약 한 봉지까지도 최태민이 직접 챙겼다. 박근혜가 아플 때는 김경옥이 달려가 주사를 놓아주었고, 최태민이 준비해둔 영양제나 보혈제를 가끔 맞았다. 한번은 이런 대화를 주고받기도 했다.

"젊었을 때 일하던 병원이 어디세요?"

"처녀 시절에 대구에 있는 경북산부인과에서 간호사로 일했어요."

"주사를 아프지 않게 참 잘 놓으시네요."

박근혜는 주사를 놓고 돌아가는 김경옥을 빈손으로 보내지 않았다. 어떤 때는 찻잔을, 어떤 때는 그릇 세트를 선물로 주었다.

언젠가 정수장학회 사무실에서 이해하기 어려운 장면을 목격하기도 했다. 김경옥이 박근혜에게 링거 주사를 놓는 동안 곁에 있던 최태민이 박근혜의 팔다리를 주무르고 뒤로 돌아가서는 어깨를 주무르는 것이었다. 두 사람의 깊은 관계를 알고는 있었지만, 눈앞에서 직접 자연스럽고 다정한 모습을 본 것은 이때가 처음이었다.

박근혜가 정수장학회 사무실을 나와서 집으로 돌아갈 때면 최태민은 반드시 함께 나가 머리 숙여 극진히 인사하고 박근혜가 탄 차량이 한강 다리를 건너서 시야에서 완전히 사라질 때까지 자리를 지켰다. 김경옥이 보기에 두 사람의 관계가 어떤 것이었든, 적어도 최태민은 진정으로 우러난 마음에서 박근혜를 존경하고 위대한 지도자로 추앙했다.

영남재단 비리

10·26 사태 6개월 뒤인 1980년 3월 영남대학교 이사장으로 취임했다. 아무리 아버지 박정희가 만든 재단이더라도 스물아홉 살의 박근혜가 운영하거나 소유를 주장할 수 있는 조직이 아니었다. 교수들은 반발했고 박근혜는 4개월 만에 재단 이사장에서 물러나 이사가 되었다.

영남재단 문제가 시끄러워지자 박근혜는 전두환의 눈치를 보며 숨을 죽였다. 혹시 5공 세력이 재단을 빼앗지나 않을지 전전긍긍했다. 박정희의 딸 박근혜에 대한 국민 정서와 박근혜가 가진 상징성을 잘 아는 전두환은 굳이 박근혜의 재산을 건드리지 않았다.

정작 문제는 1988년 영남재단 내부에서 생겼다. 학교 소유 땅의 매각대금 갈취, 불법자금 편취, 공금횡령, 부정입학, 판공비 사적 사용 등 박근혜를 등에 업은 최태민 일가의 전횡이 말썽이었다. 1987년 6월 항쟁 이후 정권을 잡은 노태우 정권이 대대적인 사학비리 수사를 진행했다. 결국 영남대학교 김기택 전 총장과 사무부처장 곽완석 등을 조사한 뒤 1987년에 8명, 1988년에 21명의 학생이 총 4억 3,000만 원을 내고 부정입학을 한 사실이 밝혀졌다.

부정입학자 명단에는 조순제의 아들 조용래도 있었다. 특히 조용래는 기부금조차 내지 않았다며 더 크게 문제가 되었다. 당시 영남대학교의 실무 책임자는 김정욱 상임이사, 곽완석 사무부처장, 손윤호 병원사무부장, 그리고 조순제 영남투자 전무 이렇게 4인방이었다. 곽완석은 조순제의 사촌 누나 남편이었다. 손윤호는 조순제 부인의 외삼촌이었다. 모든 일의 책임은 당시 총장이었던 김기태가 뒤집어썼지만 이는 박근혜의 지시로 조순제가 실행한 것이다.

최태민과 박근혜는 영남재단을 군대 같은 조직으로 만들고 싶어 했다. 상명하복의 질서로 자기들의 수족처럼 움직일 수 있는 단체를 만들고 싶어 했다. 하지만 시대가 이미 바뀌었다. 사람들의 의식도 예전 같지 않았다. 조순제는 최태민과 박근혜의 재단 운영 방침에 많은 갈등을 겪었다. 나름대로 좋은 개선 방안을 건의하거나 부당한 요구에 항변을 했지만, 번번이 최태민의 이런 압력에 의해 좌절되었다.

"도대체 월급 주는 게 누군데 이 새끼들이 말을 안 듣는다는 것이야? 휘두르라고 준 인사권은 장난감인 줄 알아? 말 안 듣거나 제 마음대로 하는 놈들은 모조리 잘라버려!"

그런 일이 반복될수록 조순제의 시름과 자괴감은 더욱 깊어만 갔다. 이런 식으로 나가다간 곧 사단이 날 것이라는 생각이 들었다. 조순제의 생각은 맞아떨어졌다. 얼마 안 가 영남재단 전체의 부정부패가 크게 사회문제가 되어 도마에 올랐고 사태는 걷잡을 수 없이 커져서 국정조사 청문회까지 열리는 지경에 이르렀다. 결국 조순제는 박근혜와 함께 재단 운영에서 손을 떼야 했다.

문제가 불거질 때 조순제는 최태민의 강력한 질책과 요구에도 불구하고 사태 수습에 소극적이었다. 차라리 이렇게 해

또 하나의 가족

서라도 곪을 대로 곪은 상처는 한 번쯤 터져 나와야 한다고 생각했다. 외부의 힘과 타인에 의해 정리되었으니 차라리 잘된 일이라며 속이 시원했다고 그때의 일을 아들 조용래에게 털어 놓기도 했다.

허무한 인생

조순제는 인생의 꽤 긴 시간을 박근혜의 대중적인 이미지를 형성하는 일을 하면서 보냈다. 그것이 가공이든 조작이든 이미지 세탁이든 박근혜를 그럴듯한 지도자로 포장하는 일이었다. 일종의 여론조작이었다. 물론 자원봉사가 아니었으므로 월급도 받았다. 일을 마치고 떠날 땐 소위 말하는 퇴직금인지 위로금인지 아니면 전별금인지 정체가 불분명한 돈을 받았다. 돈의 출처는 최태민이나 박근혜였을 것이다. 어쨌든 돈을 주는 역할은 임선이가 했다.

조순제는 부정한 돈이 넘쳐나던 시절에 그 주변을 기웃거린 자신의 청춘을 아들에게 떳떳하게 얘기할 수 없었다. 죽음을 앞두고 임종을 지키는 아들에게 나지막하게 혼잣말처럼 이렇게 고백했다.

"한 번 살고 죽는 인생이 이렇게 허무한 것일 줄 진작 알았다면 그때 그렇게 살 일이 아니었다."

쉰 살을 넘긴 조순제는 급격히 늙어 보였다. 스스로 조로 현상이라고 할 정도였다. 아들 조용래의 눈에는 이미 반짝이는 젊음도 치열한 고뇌도 열망의 눈빛도 상실한 그저 늙어가는 한 남자의 모습이었다.

임선이는 늙은 조순제에게 "최태민의 눈에 들어서 귀여움을 받지 못한 게 니 팔자다. 돈을 피해 다니는 빌어먹을 놈"이라고 말하면서도, 약간의 재산이라도 아들에게 주려고 애를 썼다. 하지만 생각만큼 간단한 일이 아니었다. 부산에 있던 조그만 여관 건물 하나를 아들에게 넘겨주려고 했으나 친동생 임삼덕이 딴지를 걸고 나섰다.

"누부요. 그 건물 내 주소 안 그라마 내가 자형(최태민)한테 순제 줄라 칸다고 얘기할라요."

임선이는 난감했다. 욕심 많은 딸년들을 겨우 설득했더니 이번에는 친동생이 욕심을 부렸다.

"야, 이 새끼야 니는 돈이 있으면 니 새끼도 안 주고 내 줄라나?"

조순제는 돈 받을 복이 어지간히 없었다. 최태민의 눈치를 보면서 자신이 받느니 차라리 자기의 친여동생인 순영이가 받는 게 낫다는 생각을 하며 이렇게 말했다.

또 하나의 가족

"그라마 다 순영이 주소. 순영이 앞으로 해놓으면 나중에 필요할 때 농갈라 쓰마 되지. 내 입장에서는 띠무도 순영이가 띠묵는 게 낫다 아이요?"

　그런 식으로 친동생 최순영의 명의로 얼마간의 부동산과 재산이 넘어갔다. 하지만 최순영은 그렇게 받은 재산을 깔끔하게 혼자 떼먹었다. 어린 시절 임선이를 따라가 엄마 품에서 자란 최순영이 사실상 고아나 다름없이 자란 오빠를 조금이라도 가엾게 생각했다면 도저히 할 수 없는 짓이었다.

최태민과 의붓손자 조용래
1970년 무렵 서대문의 조순제 집 앞이다.

가족 나들이

1974년 여름 무렵 온 가족이 함께 북한산성에 물놀이 갔을 때 찍은 사진. 앞줄 왼쪽부터 최순실, 조용래, 최순천, 임선이고, 뒷줄 맨 왼쪽 두 사람이 각각 최순영, 김경옥이다.

최태민과 조순제
1975년 대한구국선교단 시절의 모습으로 왼쪽 최태민은 대한구국선교단 총재로,
조순제는 홍보실장으로 활동했다.

사진 촬영 중인 조순제

1977년 구국여성봉사단이 전국 규모로 확대될 무렵의 모습. 참가자들이 '도봉구 지역 구국봉사단', '종로구 지역 구국여성봉사단'이라고 적힌 피켓을 들고 있다.

조순제와 두 아들
1977년 무렵 동대문야구장에서 열린 황금사자기 고교야구 경기를 관람하는 모습.
한 신문사 기자가 망원렌즈를 이용해 촬영한 사진을 조순제에게 선물했다.

FUJI COLOR 80.10.

1980년 10월 최태민·임선이의 집
왼쪽부터 최순영, 임선이, 최순천, 조용래, 김경옥이다.

1990년대 초 한자리에 모인 임선이의 자녀, 사위, 며느리
왼쪽부터 최순득 남편 장석칠, 최순득, 김경옥, 조순제, 정윤회, 최순실, 최순천이다.

임종을 앞둔 조순제
2007년 가을 폐암 말기로 죽음을 앞둔 조순제가 아들 조용래와 함께 일산 호수공원 나들이에서 찍은 사진이다. 저자는 자신이 촬영한 이 사진을 아버지 영정 사진으로 사용했다.

제3장

임선이의 죽음, 최순실의 부상

1994~2007

전처 자식 정리

최태민이 죽기 1~2년 전 기력이 조금씩 쇠퇴해갈 무렵이었다. 전처의 자식들이 역삼동 집으로 찾아오기 시작했다. 돈이 없어 살기 힘든 자식들은 잘나가는 아버지에게 돈 달라는 이야기를 했다. 계모 임선이가 낳은 딸만 애지중지하고 나머지 자식들은 안중에도 없는 아버지 최태민을 곱게 보지 않았다. 그중에서도 임선이에 대한 불만이 쌓여 있던 최재석은 각목으로 유리창을 부수며 난리를 치기도 했다. 하지만 그 정도 행패에 겁먹거나 가만히 있을 임선이가 아니었다. 고령에도 불같은 성미는 여전했다. 낳지도 않은 자식들이 달란다고 돈 보따리를 풀어놓을 여자도 아니었다. 임선이는 전처 자식들을 모두 불러 현금 뭉치를 탁자 위에 올려놓고 선전포고를 하듯 이렇게 말했다.

"너거들 호적에서 팔 테니 도장을 찍고 각자 돈 가져가라."

최태민이 연로해지면서 임선이는 늘 재산 문제로 고민했다. 최태민이 죽고 나면 자식들이 분란을 일으킬 것은 분명했다. 그때를 대비해 아예 다툼의 불씨를 없애야 했다. 가장 좋은 방법은 호적에서 파내는 것이라고 생각했다. 당시의 일을 지켜본 며느리 김경옥은 이렇게 회상했다.

"어머니가 보통사람은 아니었다. 눈앞에다 돈을 흔드는데 그놈들 중에서 도장을 찍지 않고 돈을 받아가지 않을 놈이 하나도 없었다."

김경옥이 보기에 돈에 눈이 뒤집혀 돈을 달라고 행패 부리는 젊은 자식들보다 그들을 제압하는 늙은 시어머니 임선이의 눈매가 더 무서웠다. 임선이는 자기 자식들에게도 부드럽고 따뜻한 엄마가 아니었다. 장모 임선이에게 뺨을 맞아보지 않은 사위가 없을 정도로 무섭고 드셌다.

최태민의 죽음

최태민이 죽기 전 머리가 굵어진 셋째 딸 최순실이 최태민의 역할을 대신하기 시작했다. 조순제는 머리가 나쁘면서도 적극적인 의붓동생 최순실을 '여자 최태민'이라고 부르기도 했다. 최순실은 임선이의 거칠고 급한 성격도 꼭 빼닮아 다른 사람을 편안하게 해주는 스타일이 아니었다. 그래서 당시만 해도 박근혜는 경제적으로나 개인 생활에서 임선이에게 더 기댈 수밖에 없었고, 임선이도 박근혜를 자식처럼 챙기고 보살폈다.

1994년 5월 세상을 다 가질 것처럼, 그리고 다 가진 것처럼 행세하던 최태민이 죽었다. 한때 '영세'를 외치며 주위 사람을 현혹하고 교주처럼 행세했지만 정작 자신의 목숨은 자연의 섭리 앞에 어찌하지 못했다.

훗날 조용래는 어머니 김경옥으로부터 최태민 죽음에 대한 일화 듣게 된다. 한번은 최태민이 많이 아파서 병원에 입원을 한 적이 있다. 그즈음 임선이의 며느리인 김경옥도 최태민이 입원해 있는 병원에 찾아간 적이 있다. 하지만 이미 최태민의 딸들에게 실권이 넘어갔기 때문에 병문안조차 제대로 못하고 돌아왔다. 김경옥은 당시를 이렇게 기억했다.

"최태민이 죽기 몇 달 전 많이 아프다는 소식을 들었다. 영동세브란스 병원에 입원해 있다고 해서 거기를 갔다. 그런데 아무도 병실에 못 들어오게 하는 거야. 면회사절이었던 거지. 어디가 아픈지도 정확히 말하지도 않고 그냥 류머티스 관절염이라고 하더라고. 그래서 내가 속으로 '류머티스 관절염인데 입원할 정도로 아픈가?'라고 생각하며 열린 문틈 사이로 살짝 보니 영감이 주사를 맞고 있더라고. 그래서 만나지도 못하고 와버렸지."

그런 문전박대를 받다시피 한 것에 대해 김경옥은 최태민의 집에서 소처럼 일한 자신의 처지가 한심하다고 느꼈다. 무엇을 바라고 간 것도 아니고 단지 시어머니가 오라니 간 것뿐인데 그런 자신의 문병을 불편해하는 시누이들을 보면서 "돈이 어지간히도 사람 마음을 요사스럽게 한다"라는 생각이 들었다.

최태민의 죽음은 가족 못지않게 애도할 박근혜에게도 한동안 알리지 않았다. 조순제는 임선이가 최태민의 재산을 정리하느라 그런 사실을 쉬쉬했을 거라고 생각했다. 실제로 최태민의 사망 소식은 7월이 되어서야 신문에 보도되었다. 다음은 1994년 7월 13일 〈동아일보〉에 실린 기사의 일부 내용이다.

전 새마음봉사단총재 최태민 씨(82)가 지난 5월 타계한 사실이 뒤늦게 밝혀졌다. 최 씨는 지난 93년 말부터 올해 3월까지 지병인 만성신부전증으로 서울 영동세브란스병원에 3차례 입원, 치료를 받다가 지난 5월 1일 서울 강남구 역삼동 자책에서 심장마비로 타계했다.

가족은 최 씨의 장례를 극비리에 치르고 주소를 다른 곳으로 옮겼다. 사망신고도 최 씨가 숨진 지 2개월이 지난 7월 1일에야 본적지인 서울 은평구청에 최 씨 딸이 했다. 최 씨는 그동안 외부와의 연락을 피한 채 부인과 역삼동 집에서 살아온 것으로 알려졌다.

말 안 들으면 국물도 없어!

조순제는 이미 최순실과 박근혜의 움직임은 확실한 지향점을 가지고 있다고 생각했다. 최순실은 종종 어떤 특정한 사안에 관해 의붓오빠의 의견을 묻고는 자기가 원하는 답만 나오기를 기다렸다. 만약 자신이 원하지 않는 대답을 하면 신경질을 내고는 전화를 끊어버리기 일쑤였다. 성격이 박근혜와 비슷한 것이 오래 붙어 있으면 그런 것도 닮나 보다 싶은 생각이 들 정도였다.

최순실은 비행기 티켓 끊는 것도 직접 하는 걸 싫어했다. 지방 공항에 도착하면 마치 의전을 받는 듯이 검색 없이 통과하도록 조치를 취해 달라고 조순제에게 번번이 부탁했다. 조순제는 평소에는 오빠라고 생각도 안 하는 동생이 자기가 필요할 때만 찾는다고 느꼈지만, 임선이를 생각해 최순실이 해달라는 대로 해줄 수밖에 없었다. 최순실은 자기 엄마를 닮아서 억척스럽고 집요한 성격도 있었다.

최순실은 특별대우를 받는 것이 몸에 배어 있었다. 자주 외국을 나가던 시절에 조순제를 어찌나 귀찮게 하는지 보통 성가신 일이 아니었다. 결국, 조순제는 해외여행 관련 일을 많이 하는 사람을 한 명 소개받아 최순실의 여행 일정과 예약을 도와주도록 했다. 그 사람이 바로 정윤회였다.

조순제의 아내 김경옥은 시누이들, 즉 임선이의 딸들이 안하무인인 인간들이었다고 회상했다. 오빠가 집에 들러도 비스듬히 누워서 쳐다보지도 않던 최순천이나 고개나 까딱하는 정도로 인사를 하던 최순실이나 어릴 때부터 싹수가 노랗긴 마찬가지였다.

조용래가 할머니 임선이와 고모 최순실에 대한 기억을 더듬어보면 공통으로 떠오르는 단어가 있다. 바로 '탐욕'이다. 어릴 때 임선이 집에서 밥을 먹으면 밥상에서 제일 큰 밥그릇은 최순실의 차지였다. 크게 뜬 밥 한 숟갈에 김치를 통째로 둘둘 말아서 한입에 넣는 것을 보고 임선이는 이렇게 말하곤 했다.

또 하나의 가족

"저년은 밥을 묵어도 꼭 장군처럼 처묵는다."

임선이나 최순실은 앞뒤 가리지 않는 노골적이고 거침없는 탐욕을 드러냈고, 표출 방법도 투박하고 세련되지 못한 건 매한가지였다.

조용래는 고모들과 함께 지낼 때 겪은 일을 생생하게 기억하고 있다. 고모 최순실은 조용필 노래를 즐겨 들었고, 가수 최헌도 좋아했다. 곧잘 최헌의 노래를 흥얼거리거나 들었다. 실제로 벽에 가수 최헌의 사진을 붙여두기도 했다. 첫째 고모 최순영의 아들들과 함께 있을 때 어린 조카들이 자기 말을 잘 안 듣고 떠들기라도 하면 최순실은 큰 소리로 윽박질렀다.

"니네 말 안 들으면 국물도 없어!"

임선이와 최순실

최순실의 첫 남편은 이혼 후 역삼동 집으로 찾아와 식모 경화가 등에 업고 있던 딸 아이를 데리고 뒤도 안 보고 떠났다. 그 이후로 최순실은 딸의 그림자도 못 보고 살았다. 임선이는 그런 사위를 지독한 대구 놈이라고 욕을 해댔다. 건축 관련된 일을 하던 남자였는데 조순제의 아내 김경옥이 보기에는 스타일도 멋있고 성격도 남자다웠다. 적어도 돈 냄새를 맡고 장모

에게 따귀를 맞아가면서까지 눈칫밥을 먹던 다른 사위들하고
는 달랐다. 정체가 의심스러운 장인과 무식한 장모가 있는 콩
가루 집안이 마음에 안 들었을지도 모른다. 이 집안에도 두 눈
똑바로 뜨고 세상을 보는 사위가 들어오기는 했구나 싶어 약
간 안타까운 마음이 들기도 했다.

　1990년대 중반으로 넘어가면서 최순실은 언제나 자신이
사람들의 중심에 있어야만 직성이 풀리는 인간으로 변해 있었
다. 조순제는 그런 최순실이 맘에 들지 않았지만 임선이를 생
각해 도와주고 싶었다. 그러나 도저히 어떤 일을 함께할 수 있
는 상황이 아니었다. 어릴 때는 그 정도까지는 아니었는데 나
이가 들어감에 따라 점점 더 탐욕스러워졌다. 혹시 임선이가
조순제에게 돈이라도 얼마간 주지나 않을지 지독하게 감시를
했다. 급기야 임선이조차 조순제와의 만남이 불편해질 정도로
만들었다. 조순제는 이렇게 한탄했다.

　"아무리 손자가 보고 싶고 돈이라도 몇 푼 쥐여주고 싶어
도 그 꼴을 순실이 그년이 가만히 두 눈 뜨고 보았겠느냐."

　심지어는 친여동생 최순영마저도 엄마의 안부를 묻는 조
순제를 꺼렸다. 그렇게 다시 자신의 엄마에게도 배제당하며
멀어지고 다시 얼굴을 볼 수 없게 된 조순제는 훗날 아들 조용
래에게 이렇게 말했다.

　　　　　　　　　　　　　　　　　　　　또 하나의 가족

"아마도 운명일 것이다. 그리고 엄마 임선이도 어쩔 수 없었을 거다. 내가 그냥 모든 것을 이해하려고 한다."

그 시절의 임선이는 아들 조순제가 부산에서 하던 냉동 창고와 수산물 가공 사업이 부도나 힘든 시기를 보내고 있다는 것을 알았다. 하지만 딸들의 감시가 너무 심해서 연락조차 할 수 없었다. 혹시라도 임선이가 조순제에게 돈을 주지나 않을까 싶어 딸들은 두 눈을 부릅뜨고 있었다. 더 기가 막히는 것은 가장 매서운 눈초리로 감시하는 인간이 정작 친동생인 최순영이었다는 것이다. 어릴 때 친어머니에게 버림받고 늙어서 또다시 버림받은 것이나 다름없는 기구한 운명도 개탄스러웠지만, 친동생의 매정한 행동은 조순제의 마음을 아프게 했다.

조용래가 기억하는 임선이의 마지막 모습

그렇게 자신의 어머니와 단절된 상태가 지속되던 어느 날, 임선이는 큰딸 최순영에게 손자 조용래를 만나게 해달라고 부탁했다. 조용래는 1999년 봄, 할머니 임선이와의 마지막 만남을 다음과 같이 기억한다.

압구정동 아파트 단지 파출소 뒤에 차를 세워놓고 임선이를 기다렸다. 큰고모 최순영이 임선이와 함께 차 뒤편에서 걸어오는 것이 백미러에 보였다. 그 모습은 마치 면회 온 가족을 만나러 나온 죄수와, 죄수를 감시하는 간수가 함께 걸어오는 느낌이었다. 조용래는 근처 어딘가에 임선이가 살고 있나 보다고 생각했다. 자동차 앞문을 거침없이 연 임선이는 조수석에 앉고는 뒷문을 여는 최순영에게 "너는 밖에서 기다리라"고 말했다. 예상치 못한 임선이의 말에 최순영은 약간 당황하는 듯한 표정으로 차 문을 닫고는 자동차 뒤로 몇 발자국 물러나 서성거렸다. 할머니를 너무 오랜만에 만나 서먹서먹했던 조용래는 인사조차 하지 않았다. 임선이가 손을 꼭 잡자 조용래는 이렇게 말했다.

"왜 우리는 이렇게 간첩같이 만나야 해요? 우리 집에 가서 아버지 어머니랑 할머니 돌아가실 때까지 같이 살아요."

그러자 임선이는 갑자기 큰 소리로 울기 시작했다. 조용래도 같이 울었다. 그렇게 손을 잡은 채 한참을 같이 운 기억이 지금도 생생하다. 조용래는 당시만 해도 그것이 임선이와의 마지막 만남이 되리라고는 생각하지 못했다. 임선이는 손자에게 오래전부터 반복했던 팔자타령을 한 차례 하고서는 자신이 하고 싶은 얘기를 꺼냈다. 아버지 조순제에게 잘하고 먹는 것 입는 것 잘 챙겨드리고 효도하라는 내용이었다. 조용래는 임선이가 진심으로 하는 말임을 충분히 알 수 있었다. 임선이는

또 하나의 가족

손바닥을 내밀며 손자에게 볼펜으로 전화번호와 은행 계좌번호를 적으라고 했다. 조용래는 종이에 적어 드린다고 했지만 임선이는 한사코 그냥 손바닥에 적으라고 하고는 한참 동안 한탄을 하셨다.

"은행 통장까지 다 뺏겼다. 그년들이 독해도 순영이만큼 독하지는 않다. 순영이 저년이 우리를 못 만나게 더 앞장을 선다. 우짜든지 돈을 쪼매 마련해서 니한테 보내줄 테니까 아버지한테 얘기하지 말고 니 혼자 잘 보관하고 있다가 아버지 필요한 것을 챙기주라."

임선이는 잡고 있던 손자의 손을 이리저리 만져보며 말을 이었다.

"손을 보니 용래 니가 돈을 많이 벌겠구나. 돈을 많이 만지겠구나."

그 뒤로도 무슨 얘기인가 더 하는가 싶더니 어느 순간 임선이는 차 문을 열고 뒤도 돌아보지 않고 반대편으로 걸어갔다. 조용래는 특유의 팔자걸음으로 걸어가는 할머니의 뒷모습을 조용히 바라보았다. 두 시간 정도의 대화가 차 안에서 이어지는 동안에 자동차가 보이는 벤치에 앉아 꼼짝도 하지 않고 기다리고 있던 최순영도 참 독한 여자라고 생각하였다. 조용래는 임선이의 모습이 백미러에서 사라질 때까지 지켜본 뒤에도 한동안 자리를 뜰 수 없었다. 그게 마지막이었다. 이날 저녁 조용래는 아버지 조순제에게 임선이를 만난 사실을 얘기했다. 조순제는 한참 아무 말 않고 있다가 갑자기 이런 이야기를 들려주었다.

"옛날에 어느 거지 부자가 산을 넘어가는데 산 아랫마을에서 큰불이 난 것을 보게 되었다. 그래서 아버지 거지가 아들 거지에게 '아들아 너는 얼마나 큰 다행이냐 우리는 저런 집이 없어서 불에 타 죽지는 않지 않느냐'라고 얘기를 했다더라."

그게 무슨 말도 안 되는 억지냐고 반문하는 조용래에게 조순제는 말했다.

"지금 네 할머니가 가진 돈이 바로 그럴 것이다. 너를 편히 살게 하는 것이 아니라 너를 죽게 할 수도 있으니 거지 부자의 이야기처럼 화근이 될 것이다. 할머니가 가진 돈에 대해서는 전혀 아쉽게 생각하지 말아라."

박근혜의 화려한 정치 입문

박정희가 죽고 나서 18년간 박근혜는 길고 지루한 겨울잠을 잤다. 전두환과 노태우로 이어지는 군사정부 시절의 박근혜는 자신의 이미지가 실추되지 않기만을 바랐다. 군사독재가 끝나

또 하나의 가족

고 문민정부가 시작되었을 때 최태민이 죽었다. 정수장학회와 영남재단이 있었지만, 정치적 토대가 되어주기엔 분명히 한계가 있었다.

기회는 엉뚱한 곳에서 왔다. 정치적 기반이 미약했던 이회창이 박근혜를 필요로 했다. 박근혜는 이회창 지지를 선언하면서 정치에 발을 디딜 기회가 생겼다. 정당에 가입하고 선거에 출마할 명분도 얻었다. 박근혜가 선거 유세를 나가면 사람들이 몰려들었다.

1998년 박근혜는 고향인 대구에서 보궐선거에 출마해 당선되었다. 반쯤은 죽은 아버지의 후광 덕이었고 반은 여왕의 귀환을 기다리던 대구 시민의 염원 때문이었다.

선거를 치르는 데 필요한 돈은 걱정할 문제가 아니었다. 최태민은 죽었지만, 박근혜에게는 대를 이어 충성하는 최순실과 임선이가 여전히 든든한 지원군이었다. 선거전이 시작되기도 전에 임선이는 여행용 트렁크로 현금을 실어왔다. 박근혜는 돈이 어디에 얼마나 쓰이는지 관심을 가질 이유가 없었다. 한 표라도 더 받기 위해서 길거리를 누비고 자신의 상징성과 이미지를 곱게 단장하는 일에만 집중하면 되었다. 박근혜의 유세장엔 방송사 중계차가 따라다녔다. 언론도 국민도 박근혜를 주목하였으나 연설의 내용을 귀 기울여 듣는 사람은 없었다.

그저 벙어리가 아니라는 것만 증명하면 되는 연설이었다.

선거에 필요한 자금은 임선이가 해결했다. 임선이는 시장에서 직접 장을 봐와서 운동원들의 식사를 챙겼다. 박근혜는 밥을 먹고 나가는 운동원들 주머니에 봉투를 챙겨 넣는 것도 아는 척할 필요가 없었다. 임선이는 손이 커서 돈을 줄 때도 시원시원했다. 백성이 할 일이 있고 왕이 할 일이 따로 있는 법이었다.

조순제는 박정희 대통령에 대한 추모의 마음과 향수를 어느 정도 품고 있었다. 하지만 박근혜가 해야 하고 할 수 있는 일이라고는 박정희 대통령을 추모하고 사회에 도움이 되는 봉사활동 정도가 최대치라고 생각했다. 그래서 박근혜가 정계에 발을 들이는 상황을 불편하게 생각했다

보궐선거에서 금배지를 단 박근혜는 뒤이은 6·4 지방선거와 7·21 재보선 지원 유세에서 엄청난 청중동원력을 과시했다. 1998년 6월 11일 〈한국일보〉에는 '박근혜 신드롬: 그녀가 오면 선거 이긴다'라는 제목으로 기사가 실렸다.

'박근혜 신드롬'이 정가의 화제다. 6·4 선거에서 'TK 압승'을 거두는 데 지대한 공을 세우면서 심지어 'TK 지역의 정치적 대모(代母)로 성장했다'라는 말까지 나돈다. 실제 지방선거

또 하나의 가족

에서 박 의원의 위력은 대단했다. 대구·경북은 말할 것도 없고 전국 각지의 한나라당 광역·기초장 후보들은 '박근혜만 왔다 가면 무조건 이긴다'며 구원의 손길을 내밀었고, 그가 참석한 유세장에는 언제나 2천~1만여 명의 유권자가 몰려들어 대성황을 이뤘다. 박 의원을 껴안고 눈물을 훔치는 유권자도 적지 않았다. 박 의원이 지나간 뒤 백중열세에서 우세로 돌변한 지역도 한두 군데가 아니다. 대표적인 경우가 포항시장 선거. 자민련의 한 당직자는 '박태준 총재가 자존심을 걸고 표밭을 누볐지만, 비 오는 날 열린 박근혜 씨의 연설 한 번으로 모든 게 끝났다'며 혀를 내둘렀다.

임선이의 죽음

자기 손으로 박근혜를 국회의원으로 만든 임선이의 자부심에는 여러 가지 미묘한 감정이 포함되어 있었다. 엄청난 부를 가져다준 박근혜에 대한 부채의식과 더불어 여자로서 고통스러운 시간을 감수해야 했던 회한도 있었을 것이다.

2000년 들어 임선이는 평생 고생하던 당뇨로 합병증이 생겼다. 투석을 시작하면서 왕성한 식욕도 사라졌다. 몸이 자기 뜻대로 움직여주지 않았다. 그 뒤로 임선이 특유의 팔자걸음을 아무도 보지 못했다.

2003년 임선이가 죽었을 때도 아들 조순제와 손자 조용래는 부음을 듣지 못했다. 당뇨로 고생을 하고 있다는 것만 알고 있었다. 살아계셨을 때와 마찬가지로 돌아가신 이후로도 누구 하나 임선이의 소식을 알려주지 않았다. 얼굴을 본지 몇 년이 지났는지 기억조차 가물가물할 때쯤에야 임선이의 임종 소식을 들었다. 이미 재산 정리도 마무리된 후였다. 제때 임종 사실을 알았다 한들 상주 노릇을 할 수도 없었을 테니 마음 쓰지 말라고 위로를 하는 아내 김경옥에게 조순제는 이렇게 말했다.

"아들이 하나 있는 걸, 그걸, 한번 버리고 간 년이 자기 죽을 때 또 버리고 간 것이 무슨 대수로운 일이겠냐. 다만 돈 좀 없고 가난하게 살다 죽었다면, 어쩌면 아들 며느리 손자가 임종을 지키는 평범한 죽음을 맞을 수 있지 않았을까 싶다. 결국 그 놈의 돈이 원수지."

조순제는 친동생 최순영과, 아버지가 다른 세 명의 여동생 순득이, 순실이, 순천이를 생각해보았다. 탐욕스럽기는 다 마찬가지였다. 하지만 아무리 생각해도 그중에도 자신의 친동생인 최순영이 가장 나빴다. 일본 순사보다 조선 놈 앞잡이가 더 나쁘고 비열한 법이다.

또 하나의 가족

조순제는 왜 녹취록을 남겼나?

제17대 대통령 선거가 있던 해인 2007년 4월, 조순제는 폐암 말기 판정을 받았다. 이미 뇌와 간, 그리고 뼈에까지 암세포가 전이 되었고 길어도 6개월을 넘기기가 어려웠다. 가족들은 그런 사실을 한동안 조순제에게 알리지 않기로 했다. 조순제는 어느 날 아들 조용래를 불러 앉히고는 물었다.

"얼마나 남았다 카드노?"

조용래는 치료를 잘 받으면서 1년만 견디면 더 오래 살 수 있다고 거짓말을 했다. 조순제도 그 말을 곧이곧대로 믿지 않았다. 그날부터 틈틈이 자신이 살아온 인생 얘기를 아들에게 들려주었다.

대통령 후보 경선이 시작되고 박근혜와 이명박이 한나라당 후보 자리를 두고 치열한 경쟁을 하던 어느 날이었다. 조순제는 TV를 통해 후보 검증 청문회를 착잡한 심정으로 지켜보고 있었다. 조순제는 박근혜가 대통령 후보가 되겠다고 경선에 나온 자체가 마뜩잖았다. 박근혜 선거 캠프는 지지율이 앞선 이명박 후보를 상대로 치열한 네거티브 전략으로 일관했다. 드러난 것만 놓고 본다면 이명박 후보가 약점이 많아 보였다. 조순제는 박근혜가 당장은 뒤지고 있어도 시간이 지

날수록 유리해질 것이라고 판단했다. 박근혜가 한나라당 대통령 후보가 된다는 생각을 하니 눈앞이 캄캄했다. 복잡한 심경으로 TV 화면을 보던 순간 자신의 귀를 의심할 일이 벌어졌다. 청문회 패널 중 한 명이 조순제 씨를 알고 있느냐고 물었을 때 박근혜가 눈빛 하나 변하지 않고 모른다고 답한 것이다. 최태민의 유족들도 모른다고 덧붙이는 순간에는 피가 거꾸로 솟는것 같았다.

조순제는 자신의 인생이 통째로 부정당하는 비애를 느꼈다. 김경옥은 남편이 분노를 참지 못해 부들부들 떠는 모습을 지켜봐야 했다. 폐암 말기로 시한부 선고를 받은 6개월 중에서 이미 반이 지난 상태였다. 아들 조용래는 박근혜의 터무니없는 거짓말에 분통이 터지더라도 이제 와 따져서 무엇하겠냐며 잊으라고 했다. 조순제는 고개를 절레절레 흔들었다.

조순제의 친구들은 "박근혜가 저렇게 태연하게 자네를 모른다고 하는 것은 이미 자네와 입을 맞췄기 때문이 아니냐"며 "그 대가로 얼마를 받았느냐?"는 말을 농담 반 진담 반 내뱉었다. 그 말이 조순제에게는 비수가 되어 꽂혔다. 결국 조순제는 폭발했고, 죽기 전에 박근혜가 대통령이 되는 것만은 반드시 막으리라 결심했다.

조순제는 오래전부터 알던 지인들을 통해 이명박 선거본

또 하나의 가족

부의 관계자를 만나 인터뷰를 했다. 조용래는 폐암 말기라 몸 하나 가누기조차 힘든 상태인 아버지 조순제를 만류했다. 구설에 오르고 비난을 받을 수도 있는 일이었다. 박근혜와 최태민의 부정한 일을 앞장서 도와준 과거가 뭐 그리 자랑스럽냐며 면박도 주었다.

조순제의 아들로서는 괜한 분란만 일으킬 것이고 만에 하나 박근혜가 이명박을 누르고 대통령에 당선된다면 그다음 벌어질 보복도 두려웠다. 어떤 면에서 박정희보다 박근혜가 더 무서운 인간이라고 생각했다. 그럼에도 조용래는 동의를 구하는 조순제의 절실한 부탁을 외면할 수가 없었다. 결국 조순제가 쓴 진정서를 읽고 나서는 마지못해 동의했다.

며칠 뒤 조순제는 자신이 알고 있는 박근혜를 둘러싼 모든 사실을 털어놓기 위해 이명박 캠프 관계자를 만났다. 자신만이 알고 있는 일을 말하고 싶었다. 그것이 자신이 마지막으로 할 수 있는 올바른 일이었다. 박근혜의 거짓말이 이러한 결정을 촉발한 것은 분명했다. 하지만 박근혜가 대통령에 당선되었을 때 벌어질 국정농단은 반드시 막아야 했다.

조용래는 이날 아침 아버지 조순제를 마포 가든호텔 맞은편에 내려드렸다. 차에서 내리기 전에 아버지는 이런 말을 했다.

"사람은 누구나 거짓말을 한다. 그러나 거짓말에는 인간이 할 수 있는 거짓말도 있고 할 수 없는 거짓말도 있다. 박근혜는 도저히 할 수 없는 거짓말을 진실이라고 믿고 할 수 있는 사람이다."

그때만 해도 조용래는 아버지의 증언이 어떤 파장을 일으킬지 전혀 알지 못했다.

그렇게 조순제는 이른바 '조순제 녹취록'을 남겼다. 녹취 작업에는 연합뉴스 기자 출신인 친구와 신문사 논설위원 출신인 또 한 명의 언론인이 참여했다. 박근혜의 치명적인 약점을 이야기해서 정치 생명을 단절하는 것이 목적이었다.

하지만 녹취록은 일반에게 공개되지도 않았다. 녹취록 없이도 승기를 잡은 이명박 후보는 본선에서 지원을 받아야 할 박근혜에게 큰 상처를 입힐 무기를 꺼내 들 필요가 없었다. 비장의 무기는 마지막까지 숨겨두었다가 필요할 때 꺼내는 게 유리하다. 그렇게 조순제 녹취록은 묻혔다. 박근혜가 대통령이 되고 나서 최순실 국정농단 의혹이 불거지기 전까지 10년 동안 세상에 알려지지 않았다.

박근혜가 대통령이 된다면 비극적인 일이 일어날 것이라고 결사반대한 사람은 조순제 한 사람만이 아니었다. 공개적으로 주장한 몇몇은 감옥살이도 했다. 조순제의 녹취록을 바탕으로 보고서를 작성했던 당시 이명박 후보 선거 캠프의 당

또 하나의 가족

직자는 공직선거법 위반과 명예훼손 혐의로 긴급 체포됐다. 권력이 휘두르는 폭력에 희생된 안타까운 사람들의 이야기다.

2007년 12월 19일 조순제 임종

폐암 말기의 조순제는 일산 국립암센터에서 생의 마지막 한 달을 보냈다. 임종을 며칠 앞두고는 아들 조용래와 마지막 바둑을 두었다. 조용래는 6점을 깔고 두면서도 절절맸다. 조용래는 이렇게 멀쩡히 바둑을 두는 양반이 며칠 만에 숨을 거두리라고는 예상하지 못했다.

조용래가 물었다.

"아버지 아프지 않으세요?"

조순제가 답했다.

"괜찮다. 아직은 견딜 만하다. 이 정도는 아파야 죽지 이것도 안 아프면 우째 죽겠노?"

조순제의 대답에 조용래는 안도했다. 적어도 봄까지 버텨줄 것 같았다. 김경옥은 아들에게 아버지 조순제가 독한 인간이라서 잘 참는 것이라고 했지만, 사실은 사업 실패로 아들 고생시키고 빚만 잔뜩 남겨준 것이 미안해 아프다는 소리도 한 번 못했던 것이었다.

조순제의 주치의는 조순제가 죽기 이틀 전에 환자를 임종실로 옮기게 했다. '임종실'이란 단어를 듣는 순간 조용래는 아버지의 죽음이 임박함을 실감했다. 그때부터는 조순제가 숨을 거둘 때까지 조용래의 눈에는 눈물이 마르지 않았다. 주치의는 의식이 아직 조금이라도 남아 있을 때 마지막으로 볼 사람들을 부르라고 했다.

임종 하루 전날 최순영이 혼자 병원에 찾아왔다. 김경옥이 시누이에게 연락한 것이다. 조순제는 조용래의 손을 잡아 여동생 최순영의 손에 얹히고는 두 사람이 손잡으라고 했다. 조용래는 내키지 않았다. 최 씨 일가가 미웠다. 돈 때문에 인연을 끊은 사람들이었고, 그중에 특히 아버지의 친동생 최순영이 더 미웠다. 그래도 아버지 조순제의 마지막 부탁이기에 거절할 수 없었다. 조순제는 용서하고 화해하라는 말도 했다. 최순영은 말없이 울기만 했다. 조용래는 핏줄이 무섭기는 무섭다는 생각을 했다. 그래서 마지못해 그러겠다고 답했다. 하지만 알았다. 용서할 수 없고 화해하기도 어려울 것이라는 사실을.

제17대 대통령 선거 당일 새벽 5시 조순제는 사망했다. 이날 이명박 후보가 대통령에 당선되었다. 사망 시점에 대해 여러 가지 말이 많지만, 의문사는 아니었다. 그렇게 마지막 순간까지 반드시 이명박 대통령이 당선되어야만 박근혜의 정치 생

또 하나의 가족

명이 단절될 것이라고 믿었던 조순제는 선거 결과를 못 보고 숨을 거두었다. 조용래는 아버지의 유언에 따라 투표소에 먼저 다녀온 다음 장례준비를 시작했다.

순실이의 젓가락

2012년 박근혜가 결국 제18대 대통령에 당선되었다. 박근혜와 문재인의 득표율은 각각 51.6퍼센트와 48퍼센트였다. 박근혜는 1987년 헌법 개정 이후 최초로 과반을 획득해 대한민국 최초의 여성 대통령이 되었다. 조순제의 입장에서 보면 박근혜 대통령 당선은 참혹한 일이다.

최순실 게이트는 수십 년간 켜켜이 쌓인 부정과 부패, 그리고 비리가 본질이다. 조순제는 이미 10년 전 이 사태를 예견했고, 2007년도의 한나라당 대통령 후보 경선 당시 이명박 후보 측에 그런 사실을 충실히 전달했다. 박근혜는 도저히 대통령이라는 자리를 감당할 수 있는 인물이 아니었다. 백 번, 천 번을 양보해서 대통령이 꼭 머리가 좋아야 하는 것은 아니라고 하더라도 최소한의 인격은 갖춘 사람이어야 한다. 더 큰 문제는 그렇게 얻은 권력을 자신이 온전히 행사하지 못했다는 것이다. 조순제는 이런 섬뜩한 말도 했다.

"박근혜가 대통령이 되면 온 나라가 순실이의 밥상이 되고 박근혜는 순실이의 젓가락이 될 테니 장차 이 일을 어찌하면 좋겠냐?"

거짓말로 쌓은 모래성

크든 작든 사람은 누구나 거짓말을 한다. 보통의 사람은 보통의 거짓말을 하고 특별한 사람은 특별한 거짓말을 한다. 그러나 거짓말이 누군가에게 상처가 된다면 특별한 사람의 거짓말은 특별한 상처를 남긴다.

"영남투자금융 전무인 조순제 씨와 아시는 사이입니까?"

2007년 한나라당 경선 청문회에서 검증위원 중 한 명이 박근혜 후보에게 질문했다.

"제가 모르는 분이고, 조순제 씨가 제 비서출신도 전혀 아니고, 제가 그래서 이런 문건이 있어서 질문을 받고 저도 모르니까 유족한테 확인을 해봤습니다. 그런데 조순제 씨는 유족도 '모른다'고 그렇게..."

여기서 '유족'이란 최태민이 남긴 딸들을 의미했다. 박근혜는 평소 최태민과의 관계를 함께 여러 사업을 하면서 약간의 도움을 받은 관계 정도로 축소해 인정해왔다. 그런 상황에

또 하나의 가족

서 최태민의 의붓아들까지 알고 있다는 대답을 하기에 는 난감했을 것이다.

최순실이 만들어준 모범 답안에는 "조순제를 모른다"는 답도 포함되어 있었을 것이다. 조순제를 모른다고 할 수밖에 없더라도 유족들도 조순제를 모른다고 얘기했다는 부연은 덧붙이지 않는 편이 나았을 것이다. 거짓말을 거짓말로 덮으려 한 꼴이 되어버렸다.

조순제는 박근혜를 도와 오랫동안 부정한 일을 함께해 온 사람이다. 박근혜가 조순제를 모른다고 얘기를 한 것은 자신의 부정했던 과거를 감추고 싶었기 때문이다. 이제 진실을 말해야 한다. 이미 조순제는 고인이 되었지만, 지금이라도 사과해야 한다. 권력의 횡포에 상처받은 많은 사람과 국민에게도 반드시 사과해야 한다.

대통령 박근혜는 과거 수십 년간 해온 것과 마찬가지로 최태민 일가와 함께 권력을 휘두르고 부정부패를 저질렀다. 나라 안 어느 한구석에도 비릿한 냄새가 미치지 않은 곳이 없는 게 당연하다. 국정은 유린당했고 박근혜도 그 민낯을 드러냈다. 부정과 조작은 박근혜가 권력을 차지하고 지키는 방법이었다. 박근혜와 최태민이 꿈꾼 왕국은 실패했다. 거짓으로 쌓아올린 모래성은 무너지기 마련이다.

감옥에 있는 최순실과 미래의 최순실을 이야기하고 싶다. 지극히 평범했던 스무 살의 최순실은 40년이 지난 후 평범한 할머니가 되지 못했다. 부정부패한 정치 토양에서 성장한 그녀는 국정농단의 주인공이 되었다.

　우리는 살면서 세상의 부정과 부패, 불의와 자주 맞닥뜨린다. 대부분 좋은 게 좋다는 식으로 넘어가거나 이미 지난 일이라고 체념한다. 혹은 앞으로는 나아지리라는 막연한 희망으로 합리화시키며 덮어두려고 한다. 그래서 지금과 같이 수십 년간 부정을 저지르고 온통 거짓으로 포장한 인물이 대통령이 되는 나라에서 살고 있는지도 모른다.

　선거유세를 잘하고 선거에서 이기는 능력과 정치를 잘하는 능력 사이에는 상관관계가 없음이 분명히 드러났다. 조작과 가공된 이야기로 이미지를 세탁할 수 있다. 그것이 민주적인 선거 절차를 통과하면 권력이 된다. 그래서 부정부패 스캔들은 끊이지 않는다. 시간이 지나면 사건은 잊힌다. 근본적인 구조를 개혁해야 할 지도자는 책임을 전가하고 문제를 제기하는 언론은 권력의 탄압을 받는다. 부정부패에 저항하는 시민은 진의를 의심받고 좌파로 몰린다.

삼성그룹 총수가 대통령을 상대로 뇌물을 제공하고 특혜를 받은 혐의로 특검에 의해서 구속되었다. 아버지가 아들에게 재산을 상속하는 것은 불의한 일이 아니지만, 상속세는 냈어야 했다. 불법과 편법 사이에서 오랫동안 줄타기를 한 결과 경영권 승계는 합법이 되었다.

홍콩에 살면서 어릴 때 열광했던, 범죄와 폭력세계의 삶을 다룬 누아르 영화의 향수를 찾아다녔다. 영화협회를 찾아가고 오래전에 은퇴한 영화인도 만나보았다. 〈영웅본색〉이나 〈첩혈쌍웅〉은 홍콩의 옛날 모습을 반영한 영화다. 그 당시 불 꺼진 카오룽의 뒷골목 어디서나 카메라만 들이대면 영화 속 장면을 담아낼 수 있었다. 1970년대 홍콩은 각종 범죄와 부정부패의 천국이었다. 마약, 도박, 매춘 등의 범죄를 경찰과 폭력조직이 주도했다. 소방대원이 화재현장에 출동해서도, 응급요원이 환자를 태워갈 때도 뒷돈을 주어야 움직였다. 고위층의

또 하나의 가족

부정부패도 심했다.

반전의 계기가 있었다. 경찰 간부가 거액을 횡령하고 영국으로 도주하는 사건이 발생하자 홍콩 시민들은 거리로 나와서 범죄인 송환을 외쳤다. 분노한 시민의 힘으로 1974년 부정부패 전담 수사기구인 '염정공서'가 만들어졌다.

물론 순탄하지만은 않았다. 공무원과 경찰이 염정공서 폐지를 주장하며 폭력시위를 할 정도로 강력한 저항이 있었다. 하지만 시민은 염정공서를 신뢰했다. 투명한 사회를 원하는 시민의 열망은 마침내 지금의 투명한 홍콩을 만들어냈다.

이제 과거 누와르 영화의 풍경은 볼 수 없지만 서운하다기보다는 홍콩의 그런 변화가 부럽다. 시민이 촛불을 들고 요구하는 것은 대통령 한 사람의 퇴진만이 아니다. 부정부패와 비리로 찌든 문화를 바꾸겠다는 시민의 열망이다.

최소한의 공정성은 반드시 확보되어야만 한다. 세상이 투명해지면 먹고살기가 힘들어질까 걱정하는 서민을 무조건 욕하기는 어렵다. 그러나 공정한 경쟁의 원칙이 작동하는 합리적인 사회에서 살면 좋겠다. 이것이 내가 이 시점에 굳이 자랑스럽지 않은 '또 하나의 가족' 이야기를 꺼낸 이유 중 하나다.

조순제 진정서

일러두기

이 책에 수록한 '조순제 진정서'는 2007년 8월 8일 일산의 자택에서 조순제가 직접 작성한 초안이다. 조순제는 이 초안과 거의 동일한 최종안을 8월 13일 강재섭 한나라당 대표에게 제출하고 기자회견을 했다. 초안은 저자의 모친 김경옥의 침대 머리맡에 10년간 보관되어 있었다.

또 하나의 가족

강재섭 한나라당 대표님

지난달 19일 한나라당 검증청문회를 TV통해
지켜보면서 참을수 없는 분노와 비애를 느꼈읍니다.
며칠밤을 갈등와 번민을 거듭하다 가족회의끝에
진정서를 내기로 했읍니다.

본인은 영세교 교주 였던 최태민 목사의 의붓아들
조순제 입니다.
대한구국선교단 을 시작으로 대한구국봉사단.
대한구국 여성봉사단. 새마음봉사단 의 홍보실장과
새마음 병원의 사무처장으로 최태민 과 함께
이들 단체의 운영을 주도 했읍니다.
10.26 이후에는 영남대학이 1 인주주 였던
영남투자금융 의 전무 였읍니다.

대한구국선교단 과 대한구국봉사단은 최태민 —
                                          종재
명예종재 박근혜 . 구국여성봉사단 과 새마음봉사단은
종재 박근혜 — 명예종재 최태민 형제 로

운영을 했고 본인은 그 중심축에서 실무책임을
맡았습니다. 3인협의 운영체제 였습니다.
그러나 자금 만은 철저히 두사람이 논의했고
두사람 만이 공유 하는 부분 이 였습니다.

박근혜 후보는 온 국민이 지켜봤던 청문회에서
최태민과 함께 자신을 가장 가까이 보필 했든
고순제를 전혀 알지 못하는 사람 이라고 증언
했습니다.

본인은 그 순간 타가 꺼꾸로 치솟는 분노와 전율을
느꼈습니다. 박 후보와 緣을 맺은지 30 여년.
지난 10 여년은 고통의 나날 이였지만 이를
악물고 참아 왔습니다. 인연이든 악연이든
우리 가족의 문제 만은 가슴 깊숙이 묻어
두려고 했습니다.

정작 진정서를 결심케 한것은 친지들과 지인들이
였습니다. 청문회가 끝난뒤 걸려오는 수많은 주변의
전화는 애써 가라 앉히려는 제 감정을 자극
했습니다.

또 하나의 가족

그들은 박후보의 철저한 청문회 위증이 저의
묵인하에 이루어 졌다고 확신하고 있었습니다.

동시에 그들은 저와 박후보 사이에 사후 약속이
있었을 것으로 생각하고 있었습니다.
박후보와 저의 가족관계. 박 후보와 저와의 관계를
알고 있는 주변의 당연한 생각 이었습니다.

아무리 정치란 이라지만 이럴수는 없습니다.
이래서는 안 됩니다.
저의 가족들은 오랜세월 박후보를 정말 큰 가족 같이
정성을 다해 도와 왔습니다.

가장 큰 갈등의 변면은 내놓고 싶지 않은 가족
얘기 입니다. 제 외부이자 제 모친의 문제입니다.
아무리 사공을 초월하는 게 역사라지만 기가 막힙
니다. 오늘 관심 문제로서 이제 박 후보는
평범한 사인이 아닙니다. 국가를 책임지겠다고
나선 대선 후보 입니다. 그런 만큼 박 후보 모도
이제는 있는 그대로의 자기 모습을 보여주는게
옳다고 생각했습니다.

강재섭 대표님

조그마한 소명감을 가지고 묻는 것인만큼
진위를 가려주시기를 바랍니다.

첫째. 박 후보는 청문회에서 조순제를 전혀
알지 못한다고 답변했습니다.

거짓말입니다. 공인으로서 있을수 없는 위증입니다.
청문회가 어떤 자리 입니까. 저희 가족들은 물론
수많은 지인들이 박 후보와 저와의 관계를 알고있습니다.
박 후보는 무엇이 두려워 조순제를 그토록 철저히
부정 했습니까. 아무리 밝힐수 없는 속사정이 있다
하드라도 이것만은 아닙니다. 30년 세월을
가슴에 묻고 살아 왔습니다.

박 후보에게 묻습니다.
(조순제는 최태민씨를 비롯한 모든 사실을
가슴속에 묻고 조용히 살아 왔습니다. 그러한 저를
왜 세상에 끌어 내서 이렇듯 만신신창이를
만듭니까. 당신은 유가족에게 물어도 모른다고
했습니다. 조순제가 이렇게 살아 있는데
어느 유가족이 그렇게 말했습니까.

또 하나의 가족

정말로 뻔뻔스런 거짓입니다. 아니면
유가족들을 매수 한뒤 위증을 한것같습니다.
이것도 아니면 예전의 무소불위의 권력이 되살아
난 것입니까.)

조순제의 신상과 조순제 이력은 앞 부분에서
밝혔습니다. 몇가지 덧 붙이겠습니다.
먼저 10.26 이전 입니다. 75년 구국선교단을
시작으로 80년 새마을 봉사단에 이르기 까지
구국선교단 · 구국여성봉사단 · 구국십자군 · 구국봉사단 ·
새마을봉사단 · 새마을병원 등은 시종 박후보와
최태민 · 본인 등을 포함한 형의 운영체 였습니다.

다음은 10.26 이후 입니다. 새마을 봉사단이
해체된 이후 박후보는 최태민을 통해
영남대학이 100% 지분을 가진 영남투자금융의
운영을 맡아 달라고 했습니다.
저는 전무직을 맡은뒤 투자금융은 물론 영남대학 ·
영남대학병원에 영향력을 행사 했습니다.

영남대학 과 함께 영남투자 의 소유주가 박정희 대통령인 점을 생각 해보면 위상을 가늠할수 있을 것입니다. 제가 영남투자를 그만 뒀을때는 최태민씨가 정수 장학회 일을 많이 알라고 했으나 본인이 거절한 바도 있습니다.

~~둘째 박후보~~
박후보와의 관계가 어느정도 돈독한지를 미루어 생각 할수 있을 것입니다.

영남대학교의
~~둘째~~ 박후보는 사실상 교주 였고 대학에는 총장이하 관리자가 있읍니다. 호보 적으로 생각 하드라도 대학운영을 교주와 사전협의 없이 어느누구든 임의로 결정 할수 없을 것입니다.

셋째 박 후보는 구국선교회(구국봉사단, 새마을봉사단) 를 최태민 목사와 뜻을 같이 하는 여러 목사들과 만들었다고 했읍니다.
74년 까지도 최태민 은 영세교 교주 였읍니다. 그는 75년 4월 신학교육도 받지 않은채 안수를 받은뒤 목사의 신분이 됐읍니다.

또 하나의 가족

이름도 최태민으로 바꿨습니다.
이때쯤 구국선교단이 발족 됐고 박후보와
최태민. 본인 셋이서 모든 운영을 했습니다.

넷째. 박후보는 줄곧 최태민의 집이 어디
있었는지도 모른다고 말하고 있습니다.
아닙니다. 무척이나 예민한 문제인 만큼 당분간
언급을 자제하겠습니다. 이 시점은 자칫 오해를
불러 일으킬수도 있는 상황이라는 것을 잘 알고
있습니다. 그런 만큼 이 고비를 넘긴뒤 제 입장을
정리해서 떳떳이 발현 생각입니다.
외부와 모친은 고인이 됐지만 함께 생활했던
일가가 버젓이 있습니다.

다섯째. 박후보는 최태민 유족의 재산형성과정에
대해서 아는 바가 없다고 했습니다.
모를수도 있습니다. 그러나 모를리가 없다고 생각됩니다.
최태민은 박후보를 만날때 까지도 서대문
관상대 밑에서 어렵게 살았습니다.

한 여동생은 수백여 재산가로 언론에
보도 도했습니다. 결혼초 남의 집에서 전세 살이로
살았습니다. 또다른 여동생도 언론에 수백억대의
재산가로 보도 됐습니다. 이 동생도 역시 어려웠습니다.
그런데 어느날 재력가가 됐습니다.
별다른 사업체도 없었고 별 유산도 없었습니다.
사돈의 탯줄력을 찾아 봐도 도움을 줄만한
사람도 없습니다. 도대체 이 엄청난 돈이
어디서 생겼을니까. 두 동생은 최 태민이 가장
아꼈든 친딸들입니다

강재섭 대표님

이시간에도. 갈등와 번민은 계속됩니다.
어머니가 같은 여동생들의 고통. 사사로운 이해로 치부
치부할 주변의 따가운시선. 자식들이 어떻게
받아 들일지가 걱정입니다. 그러면서도 조그마한
소명감을 느껴봅니다.

국가지도자에 대한 검증은 아무리 지나쳐도
過함이 없으리라는 생각입니다.
그중에서도 국정운영의 능력과 자질에 대한
검증이야 말로 가장중요한 검증일것 입니다.

유신시절 외부 차태민 이 국정 농단의 실제
인물이였는지를 가려내는 것은 검증위의 몫입니다.
한서민의 조그마한 소명감이 국가지도자를
검증하는데 보탬이 됐으면 합니다.
강대표님의 건승을 기원합니다
진정서를 안강민 국민검증위원장 께도
전달해 주시면 감사하겠읍니다.

                2007. 8. 8

                        조순제 올림
            서울송파구 삼전동 50 - 601
                400310 - 1041702
            011. 206. 7402

부록2

조순제 녹취록

일러두기

책에 수록된 '조순제 녹취록'은 2007년 8월 조순제가 한나라당 MB 캠프 관계자 두 명과
나눈 대화를 정리한 것이다. 실제 녹음은 9시간 정도 진행되었고 TV 조선에서 일부 공개
된 바 있다. 이 책에서는 대화자를 명확하게 구분하기 위해 조순제가 한 말을 왼쪽 정렬을
했고, 대화자1·2의 발언은 오른쪽 정렬을 했다. 괄호 속 내용은 저자가 독자의 이해를 위
해 첨언한 것이다.

조순제

후회하는 게 지금만 같아도 이런 꼴은 안 본다
이거지. 속된 말로 확 재끼고 만다 이거지. 순진
하게도 애가 드렵게 꼬인 모양이지. 물론 돈은
좀 풍족하게 썼지만은 걔도 말 못 하는 부분이
많거든, 내 성격을 아니깐. 내가 그랬지. 애들이
하도 시달려가지고 세무(세무조사)다 뭐다 많이 시
달려 병이 생겼어요. 그건 사실입니다.

대화자1

최순실 말씀하시는 건가요?

조순제

아니, 최순영이. 젤 큰애.

대화자1

순실 씨 딸이요?

조순제

아니 아니, 최 총재 젤 큰딸.

대화자1

예, 예.

조순제

워낙 시달려가지고 이러저리 시달려가 병이 생겼어요, 마음의 병. 내 이름을 팔아가지고 무한대로 쓸 수 있으면 쓰시라 이겁니다. 내가 뭐 여기 있지만은 나는 그런 말 안 했다 뭐 이런 소리 할 사람도 아니고, 어느 정도 감수할 테니까 우리 남자로서 약속은 분명합니다. 이 친구(대화자2)도 알지만은 내 심지가 깊은 사람인데, 내 이름을 활용할 수 있으면 다하시라. 내가 분명히 말할 수 있는 것은 지하고 얼굴 맞대고 이야기도 하고, 지일 다 맡겨놓고 모른다고 잡아떼면 이거 문제 있는 거 아니야.

그다음에 이 업무를 하면서 지내보면 완벽한 꼭두각시예요. 지금은 능력이 좀 생겼는지 몰라도 그 당시만 해도 완벽하게 아무것도 몰라요. 능력은 좀 생겼는지 몰라도 아무것도 능력이 없는 것이 그게 뭘 하겠다고 설치냐 말이야.

대화자2

아, 옛날에 비춰보면은...

또 하나의 가족

조순제

지금 좀 생겼는지 모르지. 지금도 초장에 할 때
는 어떻게 묻고 대답할지 물어왔다고. 근데 지금
은 좀 생겼는지 모르지만 완전히 100퍼센트 꼭
두각시였습니다. 진짜 100퍼센트 꼭두각시. 업
무에 대한 것도 결국 전부 나하고 속닥거리면
그게 한 자, 한 획도 (틀림) 없이 그대로 돼버리는
거야. 완벽한 꼭두각시였거든. 그다음에 어떤 경
향이 또 있냐 하면 결과적으로 잘못되면 책임 전
가하는 것은 이건 완전 밥 먹듯이 쉽게, 예를 들
어서 영대(영남대학교) 관계만 해도 그렇잖아. 김기
택 총장이 뭐 그 사람이 골이 비었어? 그 사람이
학잔데… 그 사람이 뭐 열쳤다고(미쳤다고) 무리한
짓을 할 사람이 아니거든요. 강요하고 억지로 할
수 없이 응해와 갔는데, 잘못되니깐 전부 몽탕
넘겨불고 덤탱이 씌우니깐, 내가 가만히 보니깐,
김기택 총장, 할 사람이 아니거든. 그럼 지도자
가 되려면 어느 정도 자기가 수긍할 건 하고 그
래야지. 사람도 모른다. 그래서 내가 그랬어. 유
족한테 물으니 나 모른다고 했는데 어느 년이 그

랬냐. 그게 검증하려고 얘기할 판이다.

순실인가, 걔?

조순제

아니, 순영이가. 와서 내가 고생하고 있으니까
금일봉을 들고 와서 얘기하고 난 보지도 않았고,
우리 마누라하고 얘기했는데, 가면서 신신당부
를 해. 마누라보고 신신당부하고 갔대. 나도 이
한계를 두고 얘기를 해야 되니까 문제가 사실 있
더라고, 내가 대충 정리를 해보니깐. 이거 함 봐
봐라. 이런 건 있을 수 없거든. 보상 차원에 뭘
해주겠다 소리까지 지가 다 하는데, 업적이나 뭐
그런 건 내가 인정한 거거든. 해놓고 세 불리하
면 이렇게 하면, 이건 지도자상이 아니라고.

대화자1

몇 가지 여쭤보죠. 조 사장 오셨을 때 박 대표가
너무 거짓말을 잘한다라는 것을 어떤 부분이 거
짓말이었는지 구체적으로 좀 얘기를 해주십시오.

조순제

어떤 부분이 거짓말이 아니라, 물론 내 관계를 모른다 잡아떼는 것은 말이 안 되고. 그건 모든 사람들이 다 아는데. 그다음에 뭐 누구한테 물으니까 모른다더라, 이것도 그렇고. 업무에 대한 것도 결과가 나쁘면 전부 잡아떼 버려. 사전에 상의 다 하고 협의 다 하고 그다음에 최종한 것도 결과가 나쁘면 전부 잡아떼 버려. 사전에 상의 다 하고 협의 다 하고 그다음에 최종적으로 나한테 오거든. 그럼 그건 안 됩니다. 그건 이래이래... 결과만 나쁘면 전부 잡아떼 버리고 자긴 쏙 빠져 버리는 거야. 정치권이라든지 이게 이 사람 보면 깨놓고 말해서 그늘에서 권력을 향유하고 권력에 전부 아첨하고 굽신하는 것만 봤지 자신의 능력은 전무하다고요. 그래서 내가 대를 이어서 하면 나라가... 그다음에는 지난번에 말씀하신 대로 MB 재껴놓고 뭐 되면은 한 방에 가버려. 진짜 한 방에 가버려. 그러면 참 험악한 비극의 나라가...

뭐 깔 게 있어야지. 뭐 깔 게 있나? 저마들이 쥐
고 있는 게 있나? 박에 대해서.

조순제

내가 알기로는 그 당시 완벽한 자료를 갖고 있지
않나 싶어.

대화자2

정보부에서?

조순제

전에도 얘기했지만은 그때 도청하고 그거는...

대화자1

아까 저쪽에서 완벽한 자료를 갖고 있다는 것은
어느 정도를 말씀하시는 겁니까?

조순제

완벽한 자료는 내가 안 봤지. 내 느낌에 그 당시
다 아시지만은 김재규가 결사적으로 씹었다고.
이쪽을 근혜하고. 그러니깐 상대적으로 이쪽에
서 근혜하고 최 총재는 김재규를 결사적으로 씹

었다고. 저거 두면 큰일 나. 그러니깐 김재규가 수단 방법 안 가리고 원래 하던 건데, 모든 걸 다 수집하려고 발악을 했을 거 아니야. 그 자료가 과연 이 패거리들이 가지고 있느냐 안 가지고 있느냐. 그게 불안하다 그거죠. 내 느낌으로는 가지고 있다고 봐야 하는 거예요. 그렇다면은 본 게임 가서 불어버리면 게임이 안 돼요. 바로 끝나버려요.

대화자1

이를 테면 구체적으로 여쭤보지 않더라도 언질이라도 말씀해주시면 고맙겠는데... 어느 정도의 폭발력이 있습니까?

조순제

아, 그거 제대로 가지고 있다면 폭발력 대단할 걸요. 국민들이... 그거를 잘 아시지만은 그 확정을 가지고 있어도 말을 못 하지만은 그것을 확정적으로 얘기할 수 있는 사람이 아무도 없는데. 저 패거리들은 그것을 내놓을 가능성이 있다 그거죠.

아니요. 조 사장님이 우려하는 것은 어느 정도 아시기 때문에 우려하는 것이지, 모르고 우려하시는 것은 아니지 않습니까?

조순제

그 당시 워낙 보고 느낀 게 많으니깐. 저것들이 다 근거를 확보하고 있다면 본게임 가서, 안 가지고 있으면 다행인데 가지고 있다면...

그 당시 김재규가 세상에 알려진 것 빼놓고 선생님께서 지근거리에서 알고 계신 것이 있다면 구체적으로 말씀하시지 않더라도 아웃트라인이라도 말씀해주시면?

조순제

그 당시 내가 알기로는요, 그 깊은 사무실에서 얘기하는 것을 1분 만에 와서 얘기하는 판이니깐, 다른 것은 뭐를 안 했겠어. 우리가 깊은 사무실에서 얘기했는데, 1분 만에 와가지고 말조심하라고 충고하고 갈 정도라면, 다른 건 뭐...

대화자2

그건 근혜 씹은 거였나?

조순제

아니, 그렇다 보니깐 그 두 사람의 관계에 대해서 뭘 녹취 안 하고 뭘 녹취가 안 돼 있겠느냐, 이 말이야. 그 당시에 내 자네보고 잠깐 얘기하지 안 하드나? 이거 내놔도 맞아 죽고 나중에도 못 내고, 이런 얘길 나한테 한 적 있거든.

대화자1

누가요?

대화자2

정보기관에서?

조순제

그건 얘기하면 안되고, 그건 우리나라 뭐 공식... 그런 사람들은 자기가 알아도, 자기가 확인해도, 내놔봐도 맞아 죽고.

대화자1

그건 박 대통령한테 맞아 죽는다는 건가요?

조순제

그렇죠. 내놔도 맞아 죽고 내놓으면 바로 맞아 죽고, 나중에도 못 내놓고, 그런 부분인데. 내가 요즘 하도 우짜우짜하길래 그것을 누가 가지고 있다가, 지금 가지고 있지 않으냐 그런 생각이 드는 거예요.

대화자1

그러면 잠시 그것을 벗어나서 그 학교, 영남대학교와 관련되서 부정입학 문제라든가 이런 문제에 대해 (박근혜) 대표가 알고 있다고 보십니까?

조순제

박 대표가 말 안 하면 어떤 놈이 해요. 미쳤다고 합니까? 박 대표가 최종적으로 얘기해서 나한테 오는 거죠. 오면 내가 안 된다고 첨에 그러죠. 근데 이기 장기간에 걸쳐서 미등록을 엄청난 숫자를 가지고 가면 솔직한 말로 책임 있는 대학 책임자는 누가 안 하겠어. 미등록자는 부정입학도 아니다. 차석 벌써 100명 뽑는데 101등한 놈 불러 넣으면 돼, 그건 합법이야.

또 하나의 가족

조순제

아무 놈도 하는 놈이 없다 이 말이야. 니꺼냐 내
꺼냐. 그러니까 아무도 안 하니깐 내가 관리책임
자 되니깐, 주인의식 가지고, 책임 있는 사람 아
니야. 이런 게 지적이 되니깐 왜 안 하느냐 이기
야. 그러니깐 김기택 총장 같은 경우는 대학의
실제 관리책임자 하나 앉혀놓고 압력을 넣으니
깐, 내 방에 내가 영남투자 전문데 내 방에 뭐 대
학교 인사 전부 리스트가 다 온다고. 그런 게 다
소위 말하는 파행적 관리. 그게 서울서부터 시작
되니깐 자연적으로 그렇게 돼버린 거야. 그래가
해놓고 그 결과가 오늘날 이렇게 되니까 싹 잡아
떼놓고 전부 책임 전가를 김기택 총장에 다 넘겨
버리고, 총장 책임하에 하니까 총장이 알아서 하
지 내가 뭘 아느냐? 그다음에 또 결정적인 게 뭐
나오면 잡아떼는 거야. 잡아떼도 떼야 될 말이
지. 아닌 말로 황○○이 같은 거 살아 있지만 그
물어보면 아는 사람들이 뭐라 하겠어요. 그러니

까 얼마나 급하면 잡아떼고 거짓말하겠느냐 그
거죠. 그러니깐 이왕 도와드릴라 하면은 내 이름
을 무한대로 팔아먹어도 좋다 이겁니다.

대화자1

그러면 최순영 씨를 제외하고 최순득, 최순실,
최순천이, 이 친구들이 처음에 구국선교단에서
아버지랑 생활할 때 친모(임선이)하고 생활하실
때 생활이 어느 정도였습니까?

조순제

아주 어려웠지요.

대화자1

어렵다는 게 어느 정도, 재산 관계라든가 박 대
표 만나기 전에 상황입니다.

조순제

아주 생활이 어려웠죠. 어려웠다는 것은 극한적
으로 표현해 생활 자체가 어려웠다고.

대화자2

먹고살기가?

또 하나의 가족

조순제

그럼.

재산이라는 것은 뭐가 있었습니까? 그 당시에.

조순제

재산도 없죠. 무슨 재산이 있어요.

대화자1

75년도 전에?

조순제

재산도 없고, 생활이, 무슨 잡지에 나왔대. 비난
하고 뭐 어쩌고 그게 사실이예요.

대화자1

그럼 동생들이 재산을 축척하기 시작한 시점은
어느 정도 보십니까?

조순제

그러니깐 (박통) 돌아가시고 내가 그러잖아요. 무
슨 청문회에서 정수장학회니, 뭐 거긴 돈 없어
요. 뭐 어떤 놈이 줬든지 뭉탱이 돈이 왔으니까.

그러니깐 관리하는 놈이 있고 심부름하는 놈이
있고, 안 그렇겠나? 소위 실세 요것들이 눈이 빨
개져서 설치기 시작할 때부터 갈등이 생기는 거
지. 그러니깐 제일 겁나는 게 내니. 나한테만
뽀록 안 터지게 해라. 내 동생 요놈도 심부름 꽤
나 하면서 날 속인 거야.

대화자2

순영이도?

조순제

어, 그러니깐 양심에 어머니 돌아가신 것도 숨기
고, 그게 다 돈하고 관계가 있거든. 그게 양심에,
종교인이니까. 양심에 비춰가지고 괴롭거든. 고
통스럽거든. 그러니깐 매달려서 울고불고 살려
달라고 그러고. 걔들 다른 도망간 애들 셋, 세 놈
다 도망가 있어. 지금.

대화자1

구체적인 게 아니더라도 10·26 이후에 뭉칫돈
이 생기는 것이 아니겠습니까? 동생들이 말이죠.

또 하나의 가족

그 뭉칫돈이라는 것은 어떻게 그것이...

조순제

그걸 어떻게 알아. 그것을 말입니까.

대화자1

뭉칫돈이라는 것은 어떤 뭉칫돈을 말씀하시는 것입니까? 시중에는 여러 채권 얘기도 나오는데.

조순제

그런 말씀하신 부분도 뭐 인정이 되네요. 대부분 그렇다고 봐야 않겠습니까? 그 당시에는 현금으로 크게 움직이는 게 잘 없었을 거야. 현금은 전부 금융을 거쳐야 되고 이러는데. 이게 왜냐하면 돌아가신 어른에 대한 것도 있기 때문에 함부로 말 못 할 부분인데 대부분 그런 성격이 좀 상당 부분 정립되었지 않나, 이렇게 추측이 돼요. 그렇게 봐야 될 끼야.

대화자1

한두 푼도 아니고 그 당시에 수십억이란 엄청난...

조순제

가... 거 커요. 단위는 그래서 그때만 해도 말이
있고 그랬는데 내가 이거 참 내 입으로 확인하긴
참 어려운데, 나도 정확히 모르니까, 커요. 지금
셋이 갖고 있는 돈이 얼마라면서요?

대화자1

돈 1,000억이 넘는다고...

대화자2

아... 많네.

조순제

그럼 그동안 그 사람들이 쓰고 먹고, 그동안에
쓴 돈도 많이 있을 거 아닙니까?

대화자2

10·26 후에 생긴 돈?

대화자1

그렇지. 그 말씀 하시는 거잖아요.

조순제

그전에는 없어...

또 하나의 가족

그런데 내가 이해가 안 가는 것은, 박이 그 많을
돈을 전부 글루 줬단 말이야?

조순제

아, 그러니깐 불가사의하다 전부. 그 당시에 그
그쪽(최태민 쪽)으로 가는 거 아니야. 진짜 불가사
의하다. 불가사의하다.

뭐가 불가사의야?

조순제

아, 그 담당... 담당이..., 아휴, 이 애도 참 척하면
눈치 채기가.

아니 진짜 뜬구름 잡는 거 같아 가지고, 아무튼
와닿을 듯 한데.

조순제

그 당시에 그 책임 맡고 한 친구도 책임 맡고 하면
차장이나 국장이나 안 그렇겠나? 그 친구도 불가

사의하단 거야... 도저히 이건 이해가 안 된다.

설명이 안 된다?

조순제

그럼 불가사의하다. 김재규는 지랄해 샀지.

그럼 박하고 둘의 관계가?

조순제

그래, 그것뿐만 아니라 여러 가지가 다 불가사의
하다 이거야. 그리고 이건 내 짐작인데, 현금으
로는 크게 움직인 게 없을 거예요. 현금으로야
뭐 기껏해야 몇십억 정도나... 뭐 그러니까, 뭐
내가 그 당시만 해도 노OO 씨한테 스위스 은행
에 돈이 한 50억 들어가 있다는데. 나한테 눈 시
퍼렇게 대들더라고... 노OO 씨가... 그런데... 나
도 그 당시 들은 소리지 뭐. 근데 그런 건 우째
용케 뭐 많이 뭐 누가 줬든지 뭐 생겼든지 좀 있
었나 봐요. 그때가 뭐 몽창 굴러왔다 봐야지.

대화자2

그 돈이 최한테 넘어가고?

조순제

그렇지.

대화자1

그게 남겨준 게 사람의 정 때문에 남겨줬다고 보
십니까? 아니면 그걸 자기도 관리능력이 없어기
때문입니까?

조순제

그때는 제가 도와주는 거지요. 우선 당황하고 능
력도 없고 아무것도 모르니깐. 누구한테 믿고 할
때도 없고, JP(김종필)하고 등졌지요. 뭐 일반사람
이나 아무도 없잖아. 가만히 생각해보면 아무도
없습니다. JP도 없지요, 박OO이도 아니지요. 또
그렇다고... 뭐 한... 아니지요. 당황하기도 하고
능력도 안 되고 경험도 없고 사회경험이 전무하
지 않습니까? 거기다 또 우리 속된 말로 뭐 끝없
이 험악한 둘의 관계다 하니까 몽창 굴러왔다고
봐야지. 그건 관리 차원도 있고 복합적인 여러

가지 요인이 있겠지.

그럼 그 당시만 하더라도 조 사장님은 의붓아버
지이지만 교류가 많이 있지 않습니까?

조순제

그러니까, 비즈니스 업무에 관한 것만 내 머리
를 빼먹고, 이런 것은 겁을 내가지고 내 눈만 보
안 조치를 철저히 하라고 그러니까. 내동생이지
만 심부름꾼이였거든. 그래서 지금 후회하는거
야, 지금만 같아도 제껴버린다. 이거지. 미쳤다
고 내가...

　왜냐하면 다른 애들이 어리니깐, 딱 짐작해
보면 짐작이 안 갑니까? 다른 애들은 다 어리니
까. 지금 (최순영 나이가) 62인가 그러니까, 다른 애
들은 어리니깐 상식적으로 생각해보세요. 뭐 있
어도 심부름 시킬 놈도 어린애들은 못 시킬 것 아
닙니까? 그러니깐 믿든 곱든 사람이 그것밖에 없
어요. 그게 다 심부름 했다고 봐야지.

현금이든, 채권이든, 엄청난 뭉치들이 움직이면 가
족들부터 표정이 달라질 것 아닙니까? 그 상황이.

조순제

하, 그러니까 내가 그 얘길 다 못 하는 부분이 그
부분이다 이거야. 하, 그게 그 당시에 우리나라
아파트에 말이죠. 벽 뚫고, 바닥 뜯고 유행이었습
니다, 그 시절에. 옛날 기억 안 납니까? 세무서 들
이닥치면 뭐 벽 뚫고 천장 뚫고, 뭐 난리가 아니
었고, 그 시절이었거든요. 그러니까 내 입장에서
그런 걸 알아도 그런 건 얘기하기 곤란하잖아요.
그러니까 내 이름을 가지고 한계를 두고 할 수 있
는 건 다 이용하시라고 내가 알려주는 거예요.

역삼동 (최태민) 집이 양옥이었습니까, 한옥이었
습니까?

조순제

양옥이죠, 한옥은 아니고. 아니, 한옥이라고 봐

야지 기와집이니까(역삼동 집은 실내가 양옥 형태로 지어
졌지만, 지붕은 기왓장이 덮여 있었다).

대화자2

단층이야.

조순제

거긴 없어요. 거긴 거긴 아무것도 없고 거긴
1,000짜리 없는 데입니다.

대화자1

그럼 어느 쪽에 관리할 수 있습니까?

조순제

전부 기집애들이, 다 사돈의 팔촌까지, 전부 분
산시키고 왔다갔다 정신이 없었죠.

대화자1

다른 사람은 모르더라도 조 사장님의 실제 동생인
조순영 씨, 최순영 씨는 그분을 알 것 아닙니까?

조순제

그러니까 어제 와서 제발 오빠 맘대로 얘기하지
말라고 사정하는 것 아닙니까. 그러니까 내가 상

당 부분 알죠. 내 마누라하고 다 알지요. 아고 상
식적으로 생각해보십시오. 그 많은 게 왔다갔다
하다 보면 감추다 보면 노출도 되고 사람이 감추
는 게 한계가 있는 거 아닙니까?

대화자1

근데 큰 자금이 움직이는 걸 돌아가신 분과의 예
의상 얘기 안 해주시는 것은 이해가 됩니다. 하
지만 조 선생님이 관여된 부분이 있지 않습니까?

조순제

나는 관여되지 않지. 나만 제일 겁이나. 나만 피
하려 하는데...

대화자1

동생이라도 말이죠.

조순제

그러니깐 후회하는 것이 그거라. 지금만 같아도
안 그런다 이거지.

대화자2

빼돌려가 니한테 맡겨논다...

조순제

그렇지. 지가 재껴버리든가 하는데 말은 그렇게 안 하지만 뉘앙스가 그거야. 그때는 어려가지고 겁만 나고 심부름만 했다 그거지. 여기 갖다주고 저기 갖다주고. 그런데 그게 일단 받아가지고 심부름시키는 대로 했을 거 아니야. 이 정도 얘기만 해도 참고하시라 이거지

대화자1

동생분께서는 어제 왜 온 겁니까? 다시 말씀드리자면...

조순제

내가 월말에 내주 초에 기자회견을 하겠다, 못쓰게 만들어버리겠다, 그러니까 무한대로 얘기하지 말라고 사정하러 온 거지. 저거끼리 얘기가 있어요. 이게 사람이 그렇습니다. 저거끼리 하는 말이 있고 애비에게 하는 말이 다르듯이 나한테 하는 것도 굉장히 조심스러워. 내 성격이 팍 그러니까. 난 항상 조진다 하거든, 조진다 하니깐, 말하자면 내가 악감정 있으니깐. 어떻게 내가 무

또 하나의 가족

슨 소릴 해버리면 그럼 저거 다 나와야 해. 내가
얘기하면 전부 다 나와야 한단 말이야. 근혜 지
도 나와야 해. 그리고 나하고 박치기하면 덕 볼
놈 아무도 없어, 그렇잖아요? 나하고 박치기하
면 근혜 지도 개망신이고 박치기해서 이길 놈
이 아무도 없어요. 내가 뭐, 몸도 안 좋지만은
내가 답답할 게 뭐 있나. 박치기하면 즈그만 개
망신이지. 그러니까 얘기 안 하게 사정하는 차
원도 있고.

대화자1

같은 어머니 동생들 빼놓고, 본처부터 셋째 넷째
까지 전부 호적에서 없애버렸는데 말이죠. 그 과
정을 가볍게 말씀해주시죠.

조순제

우리 마누라가 얘를 부르라고 해. 광현(최태민의
두 번째 처의 아들)이 어디갔나. 얘를 보고 싶어가지
고. 얘는 참 우리 처하고도 정이 많이 들었어. 얘
는 사람이 참 착해요. 내가 신당동에 장사할 때
데리고 있었고 얘 동생은 대선조선부산(부산의 대

선조선이라는 조선회사)의 안강태(대선조선 회장으로 조순
제의 친구. 여기서는 "에게"라는 말이 생략) 취직도 시켰
죠. 얘는 기집애처럼 빨래도 하고 그랬어. 우리
집사람이 하지 말라 해도 애가 착해. 근데 이것
들이 다 반구해가지고 도끼 들고 죽인다 해가지
고 돈 주고 다 호적에서 다 뺀 거야. 얘네들도 불
러가 하면 악감정이 있어서 할걸. 그런데 이거하
고 관계가 없다 이겁니다. 우리가 목적한 바는,
타겟은 그게 아닙니다. 시간도 없고 이것을 최대
한 잘 가공해가지고 혹시 효과가 있을 것 같으면
내 이름도 무한대로 사용해도 좋다 이겁니다.

대화자1

또 하나 여쭤보지요. 아픈 상처 같은데, 최태민
씨하고 어머님의 만남이 되게 몇 년도였습니까?

조순제

내가 한 60년 전일걸요.

대화자2

열 살 조금 넘을 때구나 그러니까.

조순제

아니야, 열 살까지도 아니지. 내가 아마 학교 갔
을 땐가, 가기 전인가.

대화자2

초등학교?

조순제

어.

대화자2

그럼 일곱 여덟 살 때였나 보다.

대화자1

그럼 50년대 얘기네요. 오래됐네요.

조순제

오래됐어요. 그리고 이 사람(최태민)도 개판 일보
전인데 우리 모친 만난 덕에 인간 된 거지, 우리
모친의 능력이 대단한 거야. 우리 모친이 남자로
태어났으면 재벌이 됐을 거야. 돈도 많이 생길
사람이고, 능력이 대단해. 우리 외삼촌이 있어.
우리 모친 동생, 그 사람이 사업을 해가지고 돈

이 좀 있었는데 사우(사위)들이 그 돈 빌리러 다니
곤 했어요. 나중에 맨날 빌려 가면 누가 좋아하
노. 설움도 있고 하니깐 보상도 많이 해주고 위
세도 많이 부렸지.

대화자1

구국선교단 얘기는 저번에 해주셨고요. 구국선
교단을 하시면서 대통령 생존에... 김재규씨가
그때 조사하고 그럴 때 아닙니까? 조사할 때 기
억 남는 것이 있습니까?

조순제

김재규가 조사한 게 아니고 수사관들이고, 담당
국장이 있고 그런 거 아닙니까. 그중에 나도 대
가리 크니까. 굉장히 친형제는 아니지만 친한 사
람들도 있었어. 나하고는 못 할 얘기 없이 하는
사람이 있었다고요. 그만큼 나도 오픈된 사람이
에요. 서로 공유하기도 하고, 정보 공유하기도
했는데, 그때 나온 얘길 내가 들려준 거 아닙니
까. 그 얘기를, 자기가 가지고 있는 자료를 대통
령께 바로 말하면 맞아 죽고. 나중에도 말 못 하

또 하나의 가족

고, 그건 맞는 말이야, 내가 생각해도. 그 당시만
해도 대통령 말하면 바로 총살이야.

대화자2

근데 박근혜가 청문회에도... 정보부장, 뭐 보안
사령관 최태민 이렇게 불러가 대통령이 친국을
했다.

조순제

백광현(당시 중앙정보부 6국장)이하고. 친국이라는 것
이 청와대 안에서 근혜가 빡빡 우기는 거라. 저
놈의 새끼 불러가지고 직접 하자고. 그러니까 박
대통령이 앉고 최 총재 앉고 백광현이 앉고 한
거야. 했는데 박대통령이 증거 내봐. 증거를 아
무도 못 내놓는 거야. 지금 꼭 우리 얘기랑 같습
니다. 증거를 내봐 했는데 증거를 하나도 못 내
봐. 그러니깐 박 대통령이 가당치가 않거든요.
자료 내놨다가는 근혜가 맞아 죽고, 또 그 사람
들이 바보가 아닙니다. 자식 이기는 부모 없거든
요. 결국 박통 하는 것 보니까 전부 지네만 다치
거든요. 그러니깐 근혜 쪽 붙은 사건은 전부 피

하는 겁니다. 그 판국에 그 책임자가 내게 말하는
게 맞는 거 아니야. 안 그래? 말해도 맞아 죽고.

대화자1

그러면 그건 박 대통령 생전이고, 박 대통령 사
후에 전두환 대통령 들어서 조사한 걸로 아는데?

조순제

그때 저 학봉(이학봉)이 바로 친군데. 학봉이가 책
임잔데, 내 관계도 내 친구도 아무도 몰랐어요.
의붓아들인 것도 몰랐고. 근데 학봉이 조사하다
보니깐 다 동깁니다. 그래서 그 학교(경남고등학교)
에 3학년 6반까지 있거든요. 날보고 3학년 7반
이라 그랬어요. 그만큼 내가 그 11회하고 친해
가지고 거기서 명예동창이고 써클에 항상 회원
입니다. 그런데 거기에 인제 곽정출(경남 합천군 출
신의 제11·12·14대 국회의원)이 같은 경기 나왔어 중
학교만 영남. 그래도 다 같이 했거든... 그런데
내가 무슨 얘기하다가...

대화자1

전두환 대통령 조사하던 얘기.

또 하나의 가족

조순제

아, 학봉이가 조사 책임자인데 영감하고 둘이
를 붙들고 가서 동창이 나오도록 할려고 그러니
까... 내가 의붓아들이거든. 나중에 학봉이가 직
접 그런 말 한 적 없어. 근데 OO하고 친한 친구
한테 순제 의붓아버지다 이렇게 된 거야. 내가
친구들 사이에서 평이 좀 좋았습니다. 그런데 강
원도 군부대에 보냈어. 영감하고 할마시를 강원
도 군부대 보내가지고 한두 달인가 석 달인가 군
부대에 있었어요.

대화자1

왜 군부대에 있었어요?

조순제

아니 근혜를 분리시키려고, 전두환이가 들은 말
이 많을 거 아닙니까? 실제는 모르고 그리고 자
기 정권을 하는데, 바로 박통 딸이니깐 퍼스트레
이디도 하고, 그래서 분리시켰죠. 그리고 그때
그 친구들이 무슨 재산 관계니 이런 거 조사한
건 없어요. 그때 조사를 했으면 많이 나왔겠지.

박근혜와 최태민씨 관계 말입니까?

조순제

그렇지, 그거 분리시키려고. 둘이 붙어서 속삭거
리고 뭐하면 허허적거리니깐. 그것만 했어. 그래
서 내 이름이 나중에 나오니깐 인간적으로 그럴
수 있느냐 정치인도 아니고. 그때 덕도 많이 봤
지. 이래저래 그래놓고 이래 입 닫아버리고 표도
안 내고.

대화자1

그 당시 기억에는 최태민 조사받고 어머니같
이... 박 대표도 조사받았습니까? 안 받았습니
까?

조순제

안 받았죠. 박 대표를 누가 조사합니까? 못 합니
다. 못 하지. 전통(전두환 대통령)이, 아무도 근혜를
건드리지 못해. 전두환이도 바로 대놓고 욕 얻어
먹을 판인데.

대화자2

박통 죽고 나서?

조순제

그래 말이다. 박통 죽고 나서 전두환이가 근혜는
절대 안 건드려. 신성시하고 다만 접촉 못 하도
록 차단만 하지. 그러니까 더 무능해진거야 사람
이. 무능해지고 생각나는 것은 맨날 저만 생각하
고 최만 생각하고.

대화자1

그러면 10·26 나자 마자 박 후보가 신당동 이사
가지 않습니까? 그때도 최태민과 관계가 있었습
니까? 여러 가지가?

조순제

있다고 봐야죠. 계속 있습니다. 그 관계는 뭐 우
리가 아는 말로 간첩 점조직 하듯이 둘의 관계는
끊임없이 뭐 고기가 땅에 있으면 물만 보면 찾아
가듯이 딱 그런 관계에요. 그거는 뭐 처음부터
끝까지니까, 그거는 얘기할 것도 없고.

그때 말씀하실 때 역삼동 집 그림을 그려주셨는데, 역삼동 집에 대해서 박 대표 찾아온 관계를 나름대로 말씀해주실 수 있겠습니까?

조순제

찾아오고 하게 되면요. 사람들 다 피하게 하고, 눈에 안 띄게. 온다는 연락이 오면 다 피하고 눈에 띄면 그건 거북하니깐, 나도 마당에 있다가 집 뒤로 피해준다고. 그러면 방에 쏙 들어가면 나오고 다 그랬어요. 그 시절에.

근데 그 골방 얘기 좀 해주십시오.

조순제

그 골방 얘기를 어떻게 압니까. 뻔한 건데, 3시간 4시간 안 나오고 둘이 있는데, 그 골방이 한 요만 할 거야. 이 방이 좀 좁고 길어. 한두 평? 요정도 해가지고 이것보다 좀 길어요. 둘이 들

어갔다 하면 3시간 4시간 있는데, 밥은 문간에
갖다 놓으면 영감쟁이가 들고 들어가가 즈그끼
리 먹고.

그때 동생들하고 갈등이 심했다고. 동생들이 반
발도 심했고.

조순제

동생들이 아니고 할마시가 여자인데 갈등이 없
겠습니까? 고민이 그거를 우리 마누라는 명색이
며느리인데. 나도 느낄 정도인데, 우리 마누라인
들 본인이... 그러나 엄청난 대통령 딸이지. 엄청
난 돈에 감수하는 거지. 그것을 자식으로서는 느
낄 수 있는 거거든요.

대화자2

기집애들이 뭐 땡강을 부리고 그랬다면서?

조순제

그래, 그것을 지금 얘기하면 땡강 부렸다고 하겠
나? 네 참...

대화자1

부인 말씀하시는 겁니까?

조순제

생각해봐요. 가시나들이 지금 땡깡 부렸다고 하
겠냐고? 지금은 상황이 바뀌어가지고 멀쩡한 것
도 박근혜가 나를 모른다고 잡아떼는 판인데, 그
것들도 안 잡아떼겠습니까? 박근혜가 나를 모른
다고 하면 대한민국 쟁이(신문쟁이)라는 쟁이들은
다 알 텐데.

대화자1

그 최소한도 부인은 아실 거 아닙니까? 부인이?

조순제

우리 마누라요? 뭘 안다 이겁니까?

대화자1

기분 나빴던 거, 불쾌감, 어머니가 받은 설움이
랄까.

조순제

아, 그러니깐 그거를 며느리지만은 시어머니가

또 하나의 가족

며느리하고 얘기할 때 얼마나 자존심 상하겠습니까? 그거를 둘이 사이는 갈등의 여지가 있긴 하지. 우리 마누라는 깨놓고 말했거든. 우리 마누라는 처음 옛날부터 (새끼손가락을 들며) 이거지, 그게 뭐냐고. 우리 마누라는 옛날부터 (새끼손가락 들며) 이거지 뭐냐고! 옛날부터 그랬고, 이게 이렇습니다. 다 여기는 이렇게 인정을 해요. 세상 사람 어지간히 아는 사람들은 다 인정 안 합니까? 지금도 인정 안 합니까?

대화자2

그걸 녹음을 했든가, 해놓으면...

조순제

그러니까 그 근거가 나오면 한 방에 가버린다 이거야. 그러니깐 어떤 방법으로 하든지 MB가 돼야지 저거(박근혜) 되면 게임이 안 돼요. 바로 끝나버려요.

대화자1

저거 뭡니까? 청와대 공식으로 인정이 된 것은 6억 아닙니까? 비자금...

조순제

저거는 전통이 공식적으로 집무실에 금고 열어... 그거는 알아서 할 일이고요. 그다음 것은 내가 집권자도 아니고...

대화자1

안방 금고는...

조순제

그거는, 안방 금고는 딴 데 있었는지 그거는 모릅니다. 그거는 모르는 부분이니까, 그 사람들도 다 이거(머리) 돌아가는 사람들인데, 다 있었겠지요. 그러나 이치적으로 생각해보라 이거죠. 이 돈이 장사해가지고 한 푼도 돈 벌어지지 않는데, 지금 뭐 천억이니 몇백억이니 어떤 놈이 안 주고 그 돈이 갑자기 어디서 나옵니까? 만약에 이권을 했다면 이권에서 뽀록이 어디서 터져도 터지지. 대통령 죽고 없는데, 안 그러냐? 그게 지금까지 보안이 됩니까? 절대 보안이 안 되죠. 그래 그만큼 얘기 드리면 그걸 잘 가공해가지고 활용하시면 되지, 그건 내가 노리는 그겁니다. 그러니

또 하나의 가족

깐 MB가 되어야 한다는 것이 내 국가관으로, 나라 안 잃으려고 하는 소리야. 우선 나는 저거(박근혜)는 안 되겠다 이거야.

대화자1

박 대표가 역삼동 집은 한 달에 몇 번이나 찾았습니까?

조순제

아이구, 그 횟수는 내가 다 안 지켜봐서 모르는데.

대화자1

대충...

조순제

대충도 모르는데... 뭐 자주 왔어요. 제가 뭐 계속 지키면서 보는 것은 아니잖아요. 자주 왔어. 집도 모른다고 하는 것도 거짓말이라 이겁니다. 그러니까 전부 거짓말을 하니까...

대화자1

이 중에서 박 대표가 가장 가깝게 지낸 사람이 누굽니까? 지난날에.

조순제

제일 가깝게 지낸 사람은 저지요. 상식적으로 딱
나오잖아요. 그걸 근혜가 얘기해놓으면 내가 아까
말했지만, 어떤 부동의 증언 폭탄 같은 말이 나올
까 겁이 나거든요. 그러니깐 피하는 거 아닙니까?
뻔한 거 아닙니까? 내하고 감정이 안 좋은 건 다
알거든요. 다 알 것 아닙니까? 그러니까 내가 무
슨 엉뚱한 소릴 할까 봐 겁이 나는 거죠. 그러니깐
상식적으로 모른다고 잡아뗄 일이 아니잖아요.

대화자2

근혜가 정(정윤회)을 통해가지고 동생들 움직여서
말하자면 못 하도록 매달리는 게 아닌가?

조순제

아, 그 생각도 들어. 그 생각도 맞는 말이야. 어
디 있든 간에 나한테 들어오는 얘기를 들으면 정
확하게 알잖아. 제발 하고 폭탄 발언은 하지 말
라고 사정한 거야. 내가 그래서 나도 거짓말을
못 하잖아요. 내 이름은 무한대로 써도 좋다고
승인했고, 그다음에 절대로 니(최순영)까지 다치

또 하나의 가족

도록 험한 얘기는 나도 내가 인간적인데 뭐든 사
람이 다 아는데 나도 그렇게까진 말은 안 한다.

대화자1

최태민이란 사람은 대단한 사람이에요?

조순제

아, 대단하죠. 여자에 대해서는 뭐...

대화자1

그리고 그때 말씀하실 때 궁금하고 관심 있어서
그러는데, 산삼 이런 거 청와대서 갖고 올 때 그
런 걸 최태민 씨 갖다 주는 겁니까, 누굴 갖다 주
는 겁니까?

조순제

어디서 오든 간에 우리한테 오지요. (박통) 돌아가
시고 없고, 다 있는 걸 내버릴 순 없잖아요. 그러
니까 옛날에 그 뭐 대통령에 온갖 거 다 갖다 줄
거 아닙니까? 사람은 죽고 없고 그렇다고 전두환
이 가져갈 수 없고, 이것 놔두니 짐만 되고 누가
먹을 사람도 없고 그거 흘러 흘러 제일 먼저 오

는 게 나한테 오대... 나도 먹지도 않았어. 오래
돼서 시커멓고 맛도 없고 이상하고 그렇더라고.
그와 관련된 에피소드는 많은데 도움도 안 되고
하면 뭐하겠나.

대화자1

직접 써오셨는데.(메모전달)

조순제

내가 그런 느낌이 든다 그거지.

대화자1

동생 와서는 어제 얼마나 있었습니까?

조순제

한 시에 와가지고 한 서너 시까지 있었는데.
초밥집에서 밥을 한 그릇 지가 사줘가지고.

대화자2

그것 먹고 배탈 난 거 아니야?

조순제

그래 그것 먹고 배탈 난 거야. 신경 써서 얘기해

또 하나의 가족

가지고. 애들이 보상 차원에서 자기네들끼리 내가 가만있기 바라는 거야. 보상 차원에서 뭘 하려 하는데 입을 열어버려서 안 되지.

대화자1

제일 왕성하실 때가 구국선교단 활동하실 때가 아닙니까?

대화자2

제일 잘 나갈 때고.

조순제

그땐 돈 천지지. 아 돈 많았어. 그러다 우리나라 재벌들이 돈 다 냈어요. 내가 알기로는... 낼 거 아닙니까. 그 바람에 이 부장검사가 청계천 풍전호텔에서 재벌들 불러가지고 조사 다 하고 나도 불려가고, 할마시도 불려가고.

대화자1

10·26 이후를 얘기하는 거죠?

조순제

아니죠, 박통 계실 적에. 친국하고.

그때 구국선교단 돈 관리는 누가했습니까?

조순제

전부 다 했지. 최(최태민)가. 돈은 철저히 최가 다
관리했습니다. 근혜가 그렇게 시키고. 절대 누구
맡기지 말라고.

대화자2

니는 하나도 안 주고?

조순제

아, 나는 맨날 촌지만 받지. 기자들을 상대해야
하니까. 내가 언론 담당이니까 촌지는 완전 풍족
하게 나오지. 그러니깐 내가 청와대 출입기자들
하고 술 먹고 다니니깐 정보부 직원이 수표 다
회수해서 가져가더라고. 그 수표가 청와대 발행
수표가 아니면 어떻게 회수해 가나. 청와대 발행
수표는 아는 모양이에요. 그러니깐 직접 나왔다
고 봐야 하는 것 아니겠어? 안 그러면 활동비 어
떤 놈이 줘야지 어떡하겠어. 단체 활동하면 활동
비 필요한 거 아니야?

박 대표와 최순실은 가까웠습니까?

조순제

그때는 애들인데 가깝긴 뭘 가까웠어.

대화자2

그럼 10·26 이후엔?

조순제

그땐 애들이고, 나이를 계산해봐. 애들 학교 다니고 그 후에 10·26 후에 인제 대가리가 커가지고 얘기 상대가 되는 거지. 그전에는 뭐 애들한테 얘기가 됩니까?

대화자2

그럼 뭐고? 언니 동생하고 지낸 것도 아니고.

대화자1

어머니뻘이 되는 것이죠.

조순제

그게 참 묘해. 그 장면이... 우리 마누라 하는 얘기가 그거야, 참 묘하다고. 이해 안 가는 인생살이가, 이해 안 가는 부분이 많아. 그렇게 박근혜 이게 이해 안 가는 스토리가 많은 거야. 그러니깐 이런 게 나라 맡으면 어떻게 되겠어. 진짜 미스테리로 끌고 가는 거야.

대화자1

근데 부인하고는 가까웠지 않습니까? 박 대표 가정부 보내고 뒷바라지까지 할 정도로.

조순제

청와대 가는 것은 우리 마누라를 보냈어요. 청와대 있을 적에도 그리고 지(박근혜) 혼자 살 때도 12년 있었어요. 그 여자(관이엄마)는 내가 알기로는 다 어려워가지고 옛날에는 연신내 살았거든. 어려워가지고 그때 인연으로 우리 마누라가 보내줬지. 지금도 악감정 있지 좋은 말 안 합니다. 한 마디도 좋은 말 안 합니다. 우리 마누라는 영양제 이런 거, 우리 마누라가 주사 놔주고. 딴 사람 주사 안 놓는다.

대화자2

링겔 맞고 그런 거?

조순제

그래. 우리 마누라 널스(간호사) 출신이라서. 그러
니깐 얼마나 친했겠어요.

대화자2

근데 모른다고 조순제를?

조순제

그러니깐 저 가시나 얼마나 급했으면.

대화자1

처음에 새마음봉사단 시작한 것이 75년. 편지를
해서 인연을 맺은 게 아닙니까? 정말 밀접한 관
계라면 어느 정도 관계입니까?

조순제

그거 참 애매하네. 처음에 날 부르더니 한 건 했
는데 홍보를 해가지고 기정사실화로 빨리 굳
혀야 한다, 그 대신에 비용은 얼마든지 대주겠
다. 그래서 내가 공보 활동 한 거 아닙니까. 그래
서 인정받아서, 박통한테 인정받았으니까 나에
게 한턱 내줄라고 그만큼 홍보를 제대로 한 모양

이야. 그 후로 쭉 열심히 했죠. 업무에 관해서는 100퍼센트 불확실해. 그러니까 이게 안 돌아가요. 나하고 둘이 얘기했지. 근혜하고 어떻게 하겠다. 그럼 반드시 나에게 필터링한다고. 그럼 내가 된다 안 된다 그러면 그대로야. 착오 하나 안 틀려. 그대로 진행되는 거야. 100퍼센트 꼭두각시였어. 100퍼센트 꼭두각시예요. 처음에 당대표 한다고 설칠 적에 누구하고 만나서 무슨 얘기 어떻게 할지 거꾸로 나에게 물어볼 판이었으니까.

대화자2
박이?

조순제
박이 그래 〈부산일보〉 조 감사 통해가지고.

대화자2
니 조카?

조순제
어떡하면 좋은지 내게 물어보란 소리거든. 내가

또 하나의 가족

감정이 안 좋은데 그거 웅대하게 생겼어요? 사람
이 성질이 드러워요. 지하고 조금만 틀어지면 안
봐요. 지 동생은 물론이고.

대화자1

동생들이 문제 있어서 멀어졌습니까? 박 대표에
게 문제 있어 멀어졌습니까?

조순제
내가요?

대화자2

동생하고. 근령이하고 지만이하고 관계.

조순제
근혜가 문제가 있느냐, 동생이 문제가 있느냐?
그건 근혜가 문제가 있다고 봐야죠. 내가 모르
긴 해도 동생들이 항의를 격렬하게 했어. 그래
걔는 네가 지뿔도 모르면서 이런 식으로 윽박지
르니깐.

대화자1

동생들도 최태민 씨 관계를 다 알죠? 안다고 봐

야 않겠습니까? 항의를 하니까 멀어질 수밖에.

대화자2

아, 동생들이 그 관계를 항의했다 이거지?

조순제

그, 대놓고 항의한 거 아니야. 난 그렇게 보는데. 항의를 하니까. 내용도 모르는 게 건방진 게. 오지 마, 난 너 안 봐. 이래 안 됐겠어? 안 그런다면 부모 다 죽고 없는 동생인데 얼마나 끊어야 되겠나? 제일 아픈 곳, 아킬레스건을 바로 건들고 나오니깐 둘이 다 **빽지** 뗀 거지. 그러니까 똥짝이 맞아가지고 땡강 부리고 어린이회관 **빽어**가 버리고 다 한 거 아니야. 박지만이는 이것저것 다 알아.

대화자2

알아도 박지만이 얘기할 수 없지.

조순제

없지. 그러니까 박지만이나 내나 입장이 비슷하다고. 내일 10시라켔나?

또 하나의 가족

대화자2

응.

대화자1

서교호텔에서.

조순제

컨디션이 영 제로다.

부록3

연표

정권	구분	박정희 일가	최태민·조순제 일가
일제 강점기 1910~1945년	1940년		• 임선이, 조동찬과 첫 결혼 • 조순제 출생
미군정 1945~1948년	1947년		• 첫째 딸 조(최)순영 출생 • 조동찬 사망
이승만 1948~1960년	1948년 무렵		• 임선이, 최태민 첫 만남
	1952년	• 박근혜 출생	• 최순득 출생
	1955년		• 임선이, 최태민과 재혼
	1956년		• 최순실 출생
	1958년		• 최순천 출생
박정희 1963~1979년	1965년		• 조순제, 김경옥과 결혼
	1968년		• 조용래 출생
	1972년	• 박정희, 10월 유신 단행	

박정희 1963~1979년	1974년	• 육영수 사망
	1975년 2월	• 최태민, 박근혜 위로 편지
	1975년 3월	• 박근혜, 최태민을 청와대 초대
	1975년 4월	• 최태민, 대한구국선교단 설립 / 대한구국십자군 창군 • 박근혜, 대한구국선교단 명예총재 추대
	1975년 8월	• 조순제, 고 육영수 여사 1주기 추모 사진전 진행
	1976년 4월	• 최태민, 구국여성봉사단 및 새마음봉사단 창단 박근혜를 총재로 추대
	1977년 1월~3월	• 최태민, 새마음갖기운동본부 발족 • 박근혜, 새마음갖기 범국민궐기대회 참가
	1977년 9월	• 박정희, 박근혜 및 최태민 불러 '친국'
	1979년 6월	• 박근혜 새마음봉사단 총재, 새마음제전 참가 • 최순실, 전국새마음대학생총연합회장 자격으로 개회선언
	1979년 10월	• 박정희 사망 • 조순제, 박정희 자금 최 씨 일가로 이전
전두환 1980~1988년	1980년 7월	• 박근혜, 한국문화재단 이사장 취임 • 조순제, 한국문화재단 이사 취임

또 하나의 가족

대통령	시기	사건	
전두환 1980~1988년	1980년 11월	• 새마음봉사단 강제 해산	
	1983년 1월	• 박근혜, 육영재단 이사장 취임 • 최태민, 육영재단 업무 관여	
노태우 1988~1993년	1990년 8월	• 박근령과 박지만, 청와대에 최태민 비판 진정	
	1990년 11월	• 박근혜 육영재단 이사장 사퇴	
김영삼 1993~1998년	1994년		• 최태민, 사망
	1995년		• 최순실, 정윤회와 결혼
	1996년		• 정유라 출생
	1998년	• 박근혜, 대구 달성구 보궐선거 당선 • 정윤회, 박근혜 후보 입법보조원 활동	
김대중 1998~2003년	2002년	• 박근혜, 미래연합 창당 • 정윤회, 박근혜 총재 비서실장 활동	
노무현 2003~2008년	2006년	• 박근혜, 오세훈 서울 시장 후보 지지연설 중 흉기 피습 • 최순득, 자택에서 박근혜 간호	
	2007년	• 박근혜, 한나라당 대선 경선 출마 • 조순제, 박근혜 반대 진정서·녹취 증언·기자회견 　/ 12월 19일 대통령 선거일에 사망	

또 하나의 가족 최태민, 임선이, 그리고 박근혜

2017년 3월 10일 초판 1쇄
2017년 3월 14일 초판 2쇄
2017년 3월 20일 초판 3쇄

지은이 조용래
펴낸이 박수민
교정·교열 홍선영
법률자문 김희룡
홍보자문 도진호
펴낸곳 모던아카이브 · **등록** 제406-2013-000042호
주소 경기도 파주시 청석로 350, 812-701
전화 070-7514-0479
팩스 0303-3440-0479
이메일 do@modernarchive.co.kr
홈페이지 modernarchive.co.kr

ISBN 979-11-87056-09-6 03300
이 도서의 국립중앙도서관 출판시도서목록(CIP)은 서지정보유통지원시스템 홈페이지(http://seoji.nl.go.kr)와 국가
자료공동목록시스템(http://www.nl.go.kr/kolisnet)에서 이용하실 수 있습니다.
(CIP제어번호: CIP2017005815)